Sonja Morawietz | Hartmut Heinemann

111 Orte in Darmstadt, die man gesehen haben muss

111

emons:

Bibliografische Information der Deutschen Nationalbibliothek
Die Deutsche Nationalbibliothek verzeichnet diese Publikation in der Deutschen Nationalbibliografie; detaillierte bibliografische Daten sind im Internet über http://dnb.d-nb.de abrufbar.

Layout: Eva Kraskes, nach einem Konzept
von Lübbeke | Naumann | Thoben
Kartografie: altancicek.design, www.altancicek.de
Kartenbasisinformationen aus Openstreetmap,
© OpenStreetMap-Mitwirkende, ODbL
Druck und Bindung: B.O.S.S Medien GmbH, Goch
Printed in Germany 2016
ISBN 978-3-95451-920-0
Originalausgabe

Vorwort

Darmstadt ist: europäische Jugendstilmetropole auf dem besten Wege zum Weltkulturerbe, weltweit anerkannte Wissenschafts- und Forscherstadt mit Antennen ins Weltall und Fühlern ins subatomare Universum, eine Stadt, die es sogar ins Periodensystem der Elemente geschafft hat! Sie erschreckt mit klotziger betonesker Urbanität, glänzt aber auch mit gläsernen architektonischen Wunderwerken. Sie ist die ruhige, leicht verschlafene, idyllische Stadt im Walde mit ausgedehnten Park- und Gartenanlagen nebst Badeseen und Gewässern, sie ist aber auch eine moderne Stadt mit einer sehr aktiven und kreativen, manchmal auch subversiv-rotzigen Kunst- und Kulturszene, vor allem die Musikszene verleiht ihr ein internationales Renommee.

Lernen Sie »Heinertown« aus 111 neuen und verblüffenden Perspektiven kennen. Vermeintlich bekannte Orte bergen unbekannte Geschichten und Anekdoten und halten Fragen bereit, wie zum Beispiel: Warum gingen Häuser auf Wanderschaft? Was hat ein Darmstädter Mordfall mit dem Kanon der Weltliteratur zu tun? Welches Museum hat, gemessen an der Quadratmeterzahl, mehr Besucher als das Deutsche Museum in München? Oder wussten Sie, wessen tragischer Tod es als Filmzitat von Darmstadt bis nach Hollywood geschafft hat? Wo wachsen Pflanzen dschungelhaft aus Beton?

Lassen Sie sich überraschen von neuen und zuweilen auch skurrilen Aspekten. Auf geht's, der Weg ist das Ziel! Darmstadt ist nicht nur Wissenschaftsstadt, sondern auch Abenteuerland!

111 Orte

BURSA
ARUHN
DER GETRÄNKE

1 Das Alte Pädagog

Woyzeck, Kraftwürze und der Furchtableiter

Was machen drei Köpfe an der Fassade des Alten Pädagogs? Nun, das Alte Pädagog ist immerhin die älteste (Latein-)Schule in Darmstadt, die als höhere Schule im 17. Jahrhundert Schülern ermöglichte, eine Universität zu besuchen. In einer Zeit, in der der Dreißigjährige Krieg wütete, Hunger und Pest fast schon an der Tagesordnung waren und Bildung im wahrsten Sinne des Wortes ein hohes Gut darstellte, war das Pädagog eine wichtige Institution. Die Konterfeis auf Gedenktafeln am Gebäude repräsentieren drei wegweisende Männer, die hier einst die Schulbank drückten.

Georg Christoph Lichtenberg (1742–1799) war nicht nur ein hervorragender Mathematiker und der erste deutsche Professor für Experimentalphysik, sondern vor allem auch der Begründer der deutschen Aphorismen. Er verstand es wie kein anderer zuvor, seinen Studenten die zuweilen trockene Theorie mittels lebendiger Präsentationen zu versüßen, so waren mit Gas gefüllte Schweinsblasen nur einige seiner Anschauungsobjekte. Als einer der Ersten führte er den »Furchtableiter«, wie er Franklins Blitzableiter nannte, in Deutschland ein.

Justus Liebig (1803–1873) zeigte während seiner Darmstädter Schulzeit mehr Interesse am Knallquecksilber als am Unterricht und musste seine Schullaufbahn vorzeitig beenden. Zum Glück, muss man schon fast sagen, denn ohne die Erfindungen des zu Lebzeiten schon weltweit bekannten Chemikers hätten es viele Hausfrauen, Babys und Landwirte schwer: Die heutige Maggi- und Knorrwürze, Babynahrung und Düngemittel gehen auf Liebigs Erfindungen zurück.

Und auch Georg Büchner (1813–1837), der »Revolutionär mit Feder und Skalpell«, hat seine Schulzeit hier verbracht. Ihm haben wir den »Woyzeck« zu verdanken, eines der wichtigsten Werke der deutschen Literatur, über das jeder Oberstufenschüler stöhnt. Drei heutige Darmstädter Gymnasien honorieren diese Erfinder und tragen deren Namen.

Adresse Pädagogstraße 5, 64283 Darmstadt-Mitte | **ÖPNV** Straßenbahnen 2, 3, 9, Haltestelle Schloss | **Tipp** Im Keller des Alten Pädagogs befindet sich heute das TIP (Theater im Pädagog), das Theateraufführungen, Kleinkunst und Konzertveranstaltungen anbietet.

2 Das Altstadtmodell im Turm

Eine kleine Zeitreise in die 30er Jahre

Das kleine verwitterte Bronzemodell der Altstadt vor dem Hinkelsturm ist nur als Einladung gedacht, sich das phantastische Modell im Turm selbst anzuschauen. Jeder hat schon einige Stadtmodelle gesehen, aber das hier übertrifft sie alle! Es zeigt die Darmstädter Altstadt im Maßstab 1:160, wie sie sich den Einwohnern um 1930 präsentierte, bevor sie dann in der verhängnisvollen Nacht vom 11. auf den 12. September 1944 durch Bomben dem Boden gleichgemacht wurde.

Fast zwei Jahre hat der Künstler Christian Häussler in diese mühevolle Kleinstarbeit gesteckt und unzählige Dias, Fotos, Abbildungen und Zeichnungen ausgewertet – das Ergebnis kann sich sehen lassen: Straßen und circa 500 Häuser sind bis ins Detail herausgearbeitet, jedes einzelne Fenster, jeder Fachwerkbalken, Fassadenschmuck (man vergleiche nur einmal die Uhren) minutiös ausgeschnitten, gefaltet und geklebt, selbst an die Patina der Häuserfassaden wurde gedacht. Das Ganze kann im gläsernen Obergeschoss des Hinkelsturms bestaunt und bewundert werden, der das 1997 gegründete Altstadtmuseum beherbergt. In einem 3-D-Betrachter werden selbst kleinste Details der ursprünglichen Altstadt lebendig! Das kleine Museum im Turm weist übrigens, gemessen an Quadratmetern, einen größeren Publikumsverkehr auf als das Deutsche Museum in München.

Der Hinkelsturm, der seinen Namen nach einem großen Hinkel- beziehungsweise Findlingsstein (der sich übrigens immer noch vor der Mauer befindet) bekam, bildet mitsamt der Bruchsteinmauer und dem Weißen Turm die einzigen und ältesten Überreste der mittelalterlichen Stadtbefestigung. Darmstadt erhielt im Jahr 1330 das Stadtrecht, das die Bewohner ermächtigte, eine Mauer zu bauen und Markt abzuhalten, beides wichtige Etappen auf dem Weg, eine Stadt zu werden. Im Zwingerbereich veranschaulichen Schautafeln und Karten sehr verständlich die Entwicklung der Stadt in den Jahren 900 bis 1450.

Adresse Altstadtmuseum Hinkelsturm, Lindenhofstraße, 64283 Darmstadt-Mitte, www.frk-stadtmuseum-darmstadt.de | **ÖPNV** fast alle Straßenbahnen, Haltestelle Schloss | **Öffnungszeiten** April–Okt. Sa, So 14–16 Uhr und nach Vereinbarung, Tel. 06151/48135 oder 0641/3092810 | **Tipp** Das »Caféhaus Bormuth«, das größte Kaffeehaus in der Stadt, direkt am Marktplatz, dokumentiert mit alten Fotografien die über hundertjährige Geschichte des Hauses, Marktplatz 5.

3 Die Arbeiterhäuser

Wandernde Wohn-Art für ärmere Leute

»Mein Hessenland blühe und in ihm die Kunst«, so weitsichtig sprach Ernst Ludwig, der letzte Großherzog von Hessen, und rief 1899 die Künstlerkolonie Mathildenhöhe ins Leben. Die kennt fast jeder! Weniger bekannt aber ist, dass anlässlich der zweiten Ausstellung 1904 bereits Kritik laut wurde an der intensiven Bebauung der Höhe mit pompösen großbürgerlichen Künstlervillen. In einer Art Selbstbeweihräucherungsrausch hatte man offensichtlich die etwas bescheideneren Menschen vergessen. Zur dritten Ausstellung vier Jahre später plagte die Veranstalter wohl das »schlechte Gewissen« – ein Wettbewerb wurde ausgeschrieben für eine Mustersiedlung von sechs Häusern als Beitrag zur Wohnkultur für weniger wohlhabende Bevölkerungsschichten, insbesondere für Arbeiter.

Die vorgegebenen Rahmenbedingungen besagten: Die Häuser mussten mindestens drei Wohnräume haben, einheimische Baumaterialien mussten verwendet werden, das Einfamilienhaus durfte nicht mehr als 4.000 Mark, das Zweifamilienhaus nicht mehr als 7.200 Mark kosten. Finanziert wurde das Ganze durch hessische Großindustrielle. Entworfen und gebaut wurden die Häuser von namhaften Architekten, und sie konnten zur Ausstellung 1908 komplett eingerichtet auf der äußersten Ostseite der Mathildenhöhe gezeigt werden. So weit, so gut – für Fabrikarbeiter, für die die Häuser ja ursprünglich gedacht waren, waren diese Preise jedoch immer noch unerschwinglich.

Kurz nach der Ausstellung 1908 wurden die Musterhäusle wieder abgetragen – sie passten wohl doch nicht so recht in das exklusive Ambiente, umrahmt von den vielen prunkvollen Villen. Die damalige großherzogliche Hofmeierei – das heutige Hofgut Oberfeld – ließ drei dieser Modellhäuser für ihre Arbeiter in der Erbacher Straße im Osten Darmstadts wieder aufbauen, gegenüber den Wirtschaftsgebäuden, ganz in der Nähe des ältesten Brunnens der Stadt, der Dreibrunnenquelle.

Adresse Erbacher Straße 138–142, 64287 Darmstadt-Mitte | **ÖPNV** Busse K 55 und K 56, Haltestelle An der Meierei | **Tipp** Die Stallungen und Molkereibetriebe stehen Besuchern offen und können im Rahmen von interaktiven Führungen besichtigt werden.

4 Das Arheilger Mühlchen

Pack die Badehose ein …

Wer an Sommertagen in Darmstadt Abkühlung sucht, gar im Grünen baden möchte, hat die Auswahl zwischen drei Badeseen: dem Großen Woog, der Grube Prinz von Hessen – sogar mit FKK-Abteilung – und dem Arheilger Mühlchen.

Der Name »Arheilger Mühlchen« geht zurück auf eine seit etwa 1730 bestehende Ziegelei, die später zu einer kleinen Getreidemühle – deshalb »Mühlchen« – umgebaut wurde. Nach einem Brand 1877 wurde an gleicher Stelle eine Gastwirtschaft errichtet, die ein beliebtes Ausflugsziel geworden ist.

Der Naturbadesee direkt daneben wird bereits seit 1924 als öffentliches Schwimmbad genutzt. Er hat eine Wasserfläche von 14.800 Quadratmetern, ist durchschnittlich 2,20 Meter tief, besitzt einen Nichtschwimmerbereich, eine Wasserrutsche für die »Dobscher« (Kinder), ein Einmeterbrett und einen Dreimeterturm. Die Beliebtheit des »Mühlchens« stieg ständig: 2014 kamen etwa 33.000 Besucher, 2015 waren es schon über 62.000. Ab und an schauen auch Fischreiher vorbei!

Auf den Wiesen um den See herum findet der Sonnenempfindliche genügend schattenspendende Bäume, hier kann man entspannen, Ruhe tanken, wenn man will, »hier lässt sich sein!«. Das besondere Highlight ist der Umkleide- und Duschentrakt, der nach historischen Vorlagen liebevoll restauriert wurde. Und für das leibliche Wohl gibt es auch noch einen kleinen Kiosk, der die gesamte Familie mit allem Notwendigen versorgen kann. Besonders interessant wird es in kalten und schneereichen Wintern: Zu angekündigten Zeiten wird ein zur Sauna umgebauter Bauwagen aufgestellt, Abkühlung bietet der »Teich«, und zur Ruhe steht eine große mongolische Jurte bereit.

Der Eintritt ist (noch) frei, jedoch können Badegäste einen freiwilligen Obolus in der »Mühlchensäule« entrichten, um den Förderverein dabei zu unterstützen, die ausgezeichnete Wasserqualität auch weiterhin zu erhalten.

Adresse Brücherweg 1, 64291 Darmstadt-Arheilgen, Tel. 06151/371605 | ÖPNV Bus A, Haltestelle Steinstraße, Straßenbahnen 4 und 5, Haltestelle Kranichstein Bahnhof | Öffnungszeiten 15. Mai–11. Sept. Mo–Fr 14–20 Uhr, Sa, So 10–20 Uhr | Tipp Nach einem Aufenthalt am See und frischer Luft steigt bekanntlich der Appetit, man kann dann die benachbarte Gaststätte »Arheilger Mühlchen« besuchen, die eine Fleisch-satt-Speisekarte hat und zusätzlich regelmäßig Schnitzel- und Bratenbuffets anbietet.

5 Die Arkade der Grundrechte

Menschenrechte sind Lebenswerte

In Zeiten, in denen demokratische Werte und menschliche Grundrechte europa-, vor allem jedoch weltweit missachtet werden, Unterdrückung, Willkür und Ausbeutung in allen erdenklichen Facetten an der Tagesordnung sind, ist die Zurschaustellung der Menschenrechte in einem öffentlichen Raum mit regem Publikumsverkehr eine Aufforderung, immer aufs Neue das scheinbar Selbstverständliche wahrzunehmen und wertzuschätzen.

Die Idee für das Projekt »Kunst am Bau« im Arkadengang des Darmstädter Landgerichts verdanken wir dem Architekten Udo Nieper, der nach der Fertigstellung des Gebäudes im Jahr 2006 die thematische Gestaltung einem Künstler übertrug, um mittels der Kraft der Bilder nicht nur die Köpfe, sondern vielleicht auch die Herzen zu erreichen. So wurden die Grundrechte der deutschen Verfassung nicht »in Stein gemeißelt«, sondern auf schlichte Hinweistafeln hinter Plexiglas gedruckt und an den steinernen Arkadenpfeilern befestigt. Und dennoch symbolisieren diese stellvertretend die Grundpfeiler unserer Demokratie. Eine Versinnbildlichung der Grundrechte erfolgt zusätzlich durch großformatige, grob gerasterte Schwarz-Weiß-Bilder des Fotojournalisten Mirko Krizanovic, die an der Decke des Arkadenganges ihren Platz gefunden haben – manchmal still und reduziert, manchmal laut und dynamisch, zuweilen empathisch, vor allem jedoch alltäglich und dennoch von einer tiefen Eindringlichkeit zeigen sich diese Bildmotive. So wie die Darstellung des hammerschwingenden Bauarbeiters, der für die im Artikel 12 verbürgte Berufsfreiheit steht.

Die Präsentation der Grundrechte im öffentlichen Raum ist außergewöhnlich und fast schon einzigartig – lediglich in Berlin findet sich ein weiteres Beispiel. Man sollte also erhobenen Hauptes durch diese Arkade schlendern, denn die Wirksamkeit von Menschenrechten ist nur so groß wie die Bereitschaft der Menschen, für sie einzutreten!

Adresse Mathildenplatz 13–15, 64283 Darmstadt-Mitte | ÖPNV Straßenbahnlinien 4, 5, 6, 8, Haltestelle Luisenplatz | Tipp In der Schleiermacherstraße 18 befinden sich die Etuimanufaktur Zeh und Schien und die Buchbinderei Gebicke, in der man sicherlich sein Grundgesetz oder sein Lieblingsbuch nach eigenem Gusto binden lassen kann. Die passende Schachtel gibt es ebenfalls dazu.

6 Das Arresthaus

Schauriges aus dem Verlies

Der eine oder andere (Alt-)Darmstädter wird den Witz kennen: »Wie lange braucht man, um die Rundeturmstraße (die übrigens sehr kurz ist) zu durchlaufen?« – »Wenn man Pech hat, so lange, bis man den letzten Atemzug ausgehaucht hat«, war doch an dieser Stelle das Arresthaus untergebracht, in dem für manchen Delinquenten das letzte Stündlein schlug. Doch dazu gleich noch mehr. Heute haben hier die modern-nüchternen Gebäude der TU ihren Platz, und lediglich ein Rest Stadtmauer mit einer Gedenktafel erinnert noch an die Vergangenheit, die von dunklen, gar schauderhaften Ereignissen kündet.

Bis ins 18. Jahrhundert wurden Verbrecher zumeist in Stadttürmen gefangen gehalten, wenn sie nicht gleich vor Ort geköpft oder gehängt wurden. Arresthäuser wie das »Stockhaus« in der Rundeturmstraße waren dagegen selten. Die Ereignisse, die sich hier abspielten, lassen einen schon mal leicht erschauern: So musste beispielsweise der berüchtigte Posträuber Johann Tobias Kiefer, genannt Katzoff (der Metzger), sein Leben auf klägliche Weise lassen. Er soll bei lebendigem Leibe von Läusen aufgefressen worden sein, so zumindest die damaligen Gerichtsprotokolle. Wahrscheinlicher sind wohl eher eine Sepsis und Ratten, die ihr Übriges taten. Auch im Neubau vom Anfang des 19. Jahrhunderts geschah so allerlei Mysteriöses. Der wohl berühmteste, wegen Hochverrates angeklagte Häftling Weidig, Co-Autor des »Hessischen Landboten«, Lehrer, Pfarrer und – schlimmer geht's kaum – Revolutionär und Mitstreiter Büchners, starb hier ebenfalls eines rätselhaften Todes: Er wurde in seiner »Blutlache schwimmend aufgefunden, das Messer noch neben ihm« – dieser Fall blieb ungeklärt. Und auch während des dunkelsten Kapitels deutscher Geschichte wurde traurige Geschichte geschrieben. In der NS-Zeit wurden hier Menschen zusammengetrieben, bis sie anschließend in Konzentrationslager überführt wurden.

Adresse Rundeturmstraße 12, 64283 Darmstadt-Mitte | ÖPNV Busse K55 und K85, Haltestelle Jugendstilbad | Tipp Wer sich von der schwer verdaulichen Kost erholen möchte, besucht das »Red Barn«, ein Burger-Restaurant im Saloon-Ambiente mit Cocktails und amerikanischen Bierspezialitäten, Erbacher Straße 5, Öffnungszeiten 18–24 Uhr.

7 Das August-Euler-Flugfeld

Bewegte Geschichte auf dem Griesheimer Sand

Im Dezember 1908 unterbreitete der passionierte Flugingenieur August Euler dem Königlichen Heereskommando eine kühne Idee: Er plante die erste deutsche »Serienproduktion« von Flugmaschinen. Ein solch prestige- und gewinnversprechendes Vorhaben konnten die Militärs gar nicht ablehnen!

Noch 1908 errichtete Euler eine Montagehalle auf dem Gebiet des ehemaligen Truppenübungsplatzes »Griesheimer Sand«. Er erweiterte das Areal zum ersten Flugplatz Deutschlands und baute hier bis 1911 Flugzeuge. Euler erhielt als erster Pilot Deutschlands das offizielle Flugzeugführerpatent Nr. 1 und richtete 1912 den ersten deutschen Luftpostverkehr ein, verlegte sein Werk jedoch nach Frankfurt.

Nach der französischen Besatzung wurde der Flugplatz ab 1933 von der Deutschen Forschungsanstalt für Segelflug genutzt, deren Windkanal auch heute noch von der TU benutzt wird. Während des Zweiten Weltkriegs flogen Jagdgeschwader von Griesheim. Nach dem Krieg stationierten Amerikaner hier Hubschrauber und die Europazentrale der Armeezeitschrift »Stars and Stripes«, und sie präsentierten die erste nuklearfähige Rakete, den »Honest John«. Während des Kalten Krieges lagerte die US Army hier Nike-Herkules mit atomaren Sprengköpfen. Bis 2008 nutzte sie Gebäude für ihr ECHELON-Spionagenetz. Ein letztes Mal »bäumte« sich der Flugplatz auf, als er 1991 zum Sammelpunkt für Flugzeuge wurde, die in den Golfkrieg flogen.

Der Flugbetrieb auf dem Euler-Flugplatz wurde eingestellt, man erklärte das große Areal zum Naturschutzgebiet, denn auf dem kargen Sand hatte sich ein einzigartiges Ökosystem erhalten, das Lebensraum für etliche gefährdete Arten von Flora und Fauna bietet. Die Besucher können das Cockpit einer alten DC-8 besichtigen, in der einst auch Arafat flog, und ein 1:1-Modell des Postfliegers »Gelber Hund«, von Mitgliedern des Fördervereins in 3.000 Stunden liebevoller Arbeit gebaut.

Adresse Flughafenstraße, 64295 Darmstadt-Griesheim | **ÖPNV** Straßenbahnen 4 und 9, Haltestelle Flughafenstraße | **Öffnungszeiten** des Museums jeweils am letzten Samstag eines Monats ab 15 Uhr, Eintritt frei | **Tipp** Das Heimatmuseum Griesheim e. V., Groß-Gerauer Straße 18–20, informiert unter anderem über das harte Leben der 1948–50 aus Ungarn vertriebenen Deutsch-Ungarn, die auf dem kargen Sand des alten Schießplatzes eine neue Heimat in der St.-Stephan-Siedlung fanden.

8 Das BaumHaus

Beton-Biotop!

Fährt man den stets lauten, von Autoabgasen erfüllten, da viel befahrenen Cityring in Richtung Bahnhof hinunter, so bleibt der Blick an einem fast schon »urwaldlich« zugewucherten, bizarren Betonkoloss haften, der rechter Hand, Ecke Schleiermacherstraße, steht. Es lohnt sich allemal, dieses in Deutschland einzigartige »Baumhaus« aus der Nähe zu betrachten, vielleicht sogar das Innere des fast schon lebendigen Bauwerks zu besichtigen.

Geplant und gebaut wurde dieses Haus 1971 von dem Darmstädter Architekten Ot Hoffmann. Das ursprünglich größere Bauvorhaben hatte zum Ziel, die Fußgängerzone und den Herrngarten mittels eines ausgeklügelten »Treppenanlagesystems«, mit dem Baumhaus als Übergang, zu verbinden. Von dieser Idee blieb einzig und allein das Baumhaus übrig. Und was dort steht, ist alles andere als alltäglich, ein Novum, als es erbaut wurde (der wasserundurchlässige Beton sollte sich bautechnisch als zukunftsweisend herausstellen, auch als perfekter Nährboden für die Pflanzen), und bis in die heutige Zeit etwas Außergewöhnliches!

Man könnte Hoffmann einen Visionär nennen; sein Zukunftstraum war, Natur und Stadt in einem Haus, dem ökologischen Bauprinzip entsprechend, zu versöhnen. Das ist ihm – trotz einiger Kritik an der ästhetischen Gesamtwirkung – wohl auch gelungen. Dieses ausgefallene Wohn- und Geschäftshaus ist etwas Besonderes und bietet seinen Bewohnern nach außen wie nach innen eine Vielzahl an Lebensräumen. Es beherbergt eine Galerie, ein Designer- und Architekturbüro und die Wohnung des Architekten, der sich über mehrere Etagen ein ganz persönliches Refugium mit Schwimmhalle, Obst-, Gemüse-, Baumplantage und einem Stromproduktionswerk (erkennbar an einem Windrad auf dem Dach) erschaffen hat. Besonders gut getroffen haben es die zahlreichen Lebewesen, die ihre Heimat im Beton-Biotop gefunden haben, das ebenfalls sich selbst überlassen ist.

Adresse Schleiermacherstraße 8, 64283 Darmstadt-Mitte | ÖPNV Straßenbahnen 4, 5, 6, 8, Haltestelle Luisenplatz | Tipp In eine etwas andere Welt, ein Paradies für Naschkatzen und Schleckermäuler, kann man bei »Wilhelmine« eintauchen, Schleiermacherstraße 12, geöffnet Di–Fr 10–19 Uhr, Sa 10–16 Uhr.

9 Das Behrens-Haus

Mit dem Erstling zum Vater der modernen Architektur

Wer den Namen Darmstadt hört, dem fällt spontan Zentrum des Jugendstils, Mathildenhöhe und vielleicht der Name Joseph Maria Olbrich ein, der wie kein anderer das architektonische Erscheinungsbild der Mathildenhöhe geprägt hat. Alle Künstlerhäuser hier gehen auf ihn als künstlerischen Leiter zurück – bis auf eines, nämlich das Behrens-Haus, das, wie der Name schon sagt, von Peter Behrens gebaut wurde.

Das mag auf den ersten Blick nicht spektakulär erscheinen, jedoch hat Behrens, der von Haus aus Maler war, mit diesem Erstlingswerk als Architektur-Autodidakt etwas geschaffen, das seinen Ruf als Vater der modernen Architektur mitbegründet hat. Vielleicht hat die Unzufriedenheit mit Olbrich, der stets die bauliche Oberhand über die Mathildenhöhe behielt, dazu beigetragen, dass Behrens schlichtweg die Nase voll hatte und kurzerhand (nach immerhin fünf Jahren) Darmstadt den Rücken kehrte und nach Berlin ging. Dort konnte er sich schnell als Hausarchitekt der AEG einen Namen machen, indem er etliche Fabrikations-, Verwaltungs- und Siedlungsgebäude baute, die international Aufsehen erregten. Die Architekturwelt hatte einen »neuen Gott« gefunden, und spätere namhafte Architekten wie Gropius, Mies van der Rohe und Le Corbusier drückten bei Behrens die Werkbank.

Das Behrens-Haus, das nach schwerer Zerstörung nahezu authentisch wieder aufgebaut wurde, nimmt seit Baubeginn eine Sonderstellung ein. Als einziges der Künstlerhäuser ist es nicht axial auf das Ernst-Ludwig-Haus bezogen und repräsentiert als mächtig-monumentaler Kubus fast schon einen Gegenentwurf zu der eher verspielten Architektur Olbrichs. Allein die grünen Klinkerrisalite schaffen ein wenig Auflockerung. Von der Innenausstattung ist leider fast nichts mehr erhalten, doch darf man damaligen Berichten glauben, so kam dieses Ensemble der Forderung nach einem einheitlichen Gesamtkunstwerk am nächsten.

Adresse Alexandraweg 17, 64287 Darmstadt-Mathildenhöhe | ÖPNV ab Schloss Bus U, Haltestelle Mathildenhöhe | Tipp Das »Shiraz« ist ein Restaurant mit persisch-orientalischen Spezialitäten in authentischem Ambiente, Dieburger Straße 73.

10_Das Bioversum

Anfassen und Mitmachen ausdrücklich erlaubt

Wussten Sie schon, dass eine Tulpenzwiebel Anfang des 17. Jahrhunderts 3.000 Gulden wert war, was einem Materialwert von etwa 8 Schweinen, 4 Ochsen, 12 Schafen, 24 Tonnen Weizen, 2.000 Kilo Butter und einem Schiff entsprach, oder dass ein Esslöffel Waldboden mehr Organismen beherbergt, als Menschen auf der ganzen Erde leben?

Mehr Erstaunliches und wahnsinnig Wissenswertes zum Thema Natur liefert das Bioversum (Museum biologischer Vielfalt), das sich seit 2008 in den neu gestalteten Räumen des alten Zeughauses des Jagdschlosses Kranichstein befindet. An 27 interaktiven Stationen können Jung und Alt – Kinder, Jugendliche, Familien, Schulklassen – auf sehr anschauliche Art und Weise die Vielfalt der Natur (Tiere, Pflanzen, Pilze, Kleinstlebewesen, Ökosysteme, Landschaften) kennenlernen und erfahren und erforschen, wie alles in der Natur miteinander zusammenhängt und wie häufig Menschen in die Natur eingreifen, ohne sich der Konsequenzen wirklich bewusst zu sein.

Das Konzept der multimedialen Vermittlung von Wissen geht in diesem »Museum« voll auf. Ob in zahlreichen Audiovorträgen, beispielsweise darüber, wie Schiffsratten die Pest nach Europa brachten (erzählt von den Ratten höchstpersönlich), beim Zuordnen von Getreidekörnern per Knopfdruck oder Erraten historischer Lebensmittel per Touchpad – Wissensvermittlung findet hier auf eine spielerische, anschauliche und überaus moderne Weise statt – ganz im Sinne des selbst entdeckenden Lernens.

Ergänzt und erweitert wird dieses Angebot in den Sommermonaten durch das Freilandlabor, das als eine wirkliche Attraktion bezeichnet werden kann. Auf einem 16.000 Quadratmeter großen Waldareal, zu dem weitere Experimentier- und Lernstationen, zwei Gewächshäuser und ein »grünes Klassenzimmer« gehören, kommen sowohl kleine als auch große Forscher voll auf ihre Kosten. Sehen, staunen, spielen – und das im Museum! Das ist sehenswert!

Adresse Zeughaus Jagdschloss Kranichstein, Kranichsteiner Straße 253, 64289 Darmstadt-Kranichstein, Tel. 06151/97111888 | **ÖPNV** Bus H, Endstation Kesselhutweg, 10–15 Minuten Fußweg entlang der Kranichsteiner Straße; Bus F, Haltestelle Oberwaldhaus, circa 15 Minuten Fußweg durch den Wald; Straßenbahnen 4 und 5, Haltestelle Siemensstraße, circa 15–20 Minuten Fußweg entlang der Kranichsteiner Straße (Radweg) | **Öffnungszeiten** April–Sept. Di–Fr 11–17 Uhr, Sa, So, Feiertage 10–18 Uhr; Okt.–März Di–Fr 11–17 Uhr, Sa, So, Feiertage 10–17 Uhr | **Tipp** Eine Wanderung über den 4,5 Kilometer langen Lehr- und Erlebnispfad bietet zahlreiche Mitmachaktionen für Jung und Alt.

11 Die Bockshaut

Eine geschichtsträchtige Gaststätte

Die Bockshaut muss man einfach besucht haben! Sie ist das älteste Hotel-Restaurant Darmstadts, das drittälteste Gebäude der Stadt (neben dem Schloss und der Stadtkirche), das im Laufe der Geschichte für die verschiedensten Gewerbe genutzt wurde, und nicht zuletzt der Geburtsort zweier wichtiger Persönlichkeiten. Dieses Haus samt Inventar ist und erzählt Geschichte(n).

1580 wurde das Gebäude, das ursprünglich als Pfarrhaus herhalten musste, unmittelbar neben der Stadtkirche errichtet. 200 Jahre später wechselten der Besitz und die Funktion. Die Familie Gervinus, von Haus aus Gerber, übernahm das Gebäude und richtete neben der Gerberei eine Weinwirtschaft ein, ein Fest für die Sinne! Auch der Namensgeber des Hauses war gefunden, war doch das Zunftzeichen der Gerber die Haut des Bockes. Der männliche Familiennachwuchs war kein Geringerer als Georg Gottfried Gervinus, einer der sieben Göttinger Professoren und der impulsgebende Redner der Frankfurter Nationalversammlung 1848/49. Demokratisches Gedankengut gedeiht wohl gut auf nahrhaftem Boden! Mit einem erneuten Hausbesitzerwechsel ließ ein weiteres prominentes Kind nicht lange auf sich warten: 1872 erblickte in diesem traditionsreichen Haus Ludwig Habich, der kreative Kopf der Mathildenhöhe, das Licht der Welt.

1918 erwarb die Gastronomiefamilie Heiß aus Augsburg die Bockshaut und leitet sie bis heute erfolgreich weiter. Selbst unmittelbar nach dem verheerenden Bombardement wurde hier im Gewölbekeller unter der Leitung von Sophie Heiß wie »in einem U-Boot« gekocht. Die Trümmerfrauen wussten dies der Mater hospitalis zu danken, indem sie beim Wiederaufbau selbst Hand anlegten, sodass die Bockshaut das erste wieder aufgebaute Haus in der Altstadt war.

Heute kann man seinen Ebbelwoi in der Apfelweinstube hinter den Stahlwänden eines ehemaligen Pfandhaustresors genießen – das ist wohl einzigartig!

Adresse Kirchstraße 7–9, 64283 Darmstadt-Mitte, Tel. 06151/99670 | **ÖPNV** Straßenbahnen 4, 5, 6, 7, 8, Haltestelle Schloss | **Öffnungszeiten** auf www.bockshaut.de | **Tipp** Dem Geschmack von »South Africa Wines« kann man im benachbarten Wein & Maire frönen, An der Stadtkirche 15.

12 Die Bodenplatte

Verbrannte Bücher – infernalische Säuberungsaktionen

Ein dunkles Kapitel Geschichte, das auch in Darmstadt seine Spuren hinterlassen hat, waren die öffentlichen Bücherverbrennungen, die 1933 auf dem Mercksplatz stattgefunden haben. Mit der Machtübernahme durch das NS-Regime erfolgte eine gnadenlose Kontrolle und Manipulation des gesamten politischen, öffentlichen und privaten Lebens. Nach der »Säuberung des Berufsbeamtentums« ging man schnell über zur Säuberung der öffentlichen Bibliotheken von Büchern »undeutschen Geistes« – wie es in den damaligen Pamphleten hieß. Die Darmstädter Stadtbücherei – unter starker Beteiligung der Studentenschaft (!) – begann mit dieser Aktion im Frühjahr 1933. Bücherbestände wurden nach »Schmutz-, Schund- und linkspolitischer Literatur« durchforstet, Werke weltliterarischen Ranges wie beispielsweise von Tucholsky, Kästner oder Mann aus den Regalen verbannt. Auch die Bevölkerung wurde aufgefordert, Gleiches zu tun. Doch damit nicht genug, der perfide Aktionismus der Bevölkerung gipfelte im Juni 1933 – wie einst zu Zeiten der Hexenverbrennungen – in einer öffentlichen Bücherverbrennung am Mercksplatz. Insgesamt gingen 12.400 Titel – von den NS-Studenten zu einem Scheiterhaufen gestapelt – in Flammen auf. Das war dunkelstes Deutschland, dachte man. Aber es sollte noch dunkler werden!

Im Juni 2003 hat die Stadt Darmstadt, auf Anregung und Initiative von Schülern der Viktoriaschule, eine Gedenktafel in den Boden vor dem Eingang zum Zentralbad, dem damaligen locus delicti (Ort des Verbrechens), eingelassen. Die Tafel zeigt eine Vielzahl von Büchern – mit Titeln und Autorennamen versehen, die von auflodernden Flammen vernichtet werden. Eine umlaufende Inschrift lautet: »Auf diesem Platz verbrannten am 21. Juni 1933 NS-Studenten die Bücher von Schriftstellern und Wissenschaftlern. Wehret den Anfängen! (Ovid). Wer uns vorschreibt, was wir lesen dürfen, legt unserem Denken Fesseln an. (F. Deppert).«

Adresse vor dem Eingang des Jugendstilbads, Mercksplatz 1, 64287 Darmstadt-Mitte | **ÖPNV** Busse K 55 und K 85, Haltestelle Jugendstilbad | **Tipp** Man kann in den reichhaltigen, völlig unzensierten Beständen der Stadtbibliothek neben dem Hinkelsturm stöbern oder an den Figuren des Datterichbrunnens vor der Bibliothek drehen.

13 Das Braustübl

Mit dem Plopp zum Erfolg

Bier und Darmstadt, das ist wie mit dem Honig und den Bienen: Bierbrauen und vor allem das Biertrinken haben in Darmstadt seit jeher Tradition. Bereits der große Landesvater, Landgraf Georg I., ließ 1573 eine Hofbrauerei errichten, da ihm, so munkelt man, das regionale Bier nicht so recht munden wollte.

Das Brauen des Gerstensaftes konnte schon bald optimiert werden, und Bier avancierte zu einem immer beliebteren Getränk; 1819 existierten bereits 27 Heimbrauereien. Geblieben sind heute drei: Neben Grohe (mittlerweile von Braustübl aufgekauft, aber mit eigenem Bier!) und der Ratskeller-Brauerei ist das Braustübl die größte Brauerei mit insgesamt 13 Bieren und Biermischgetränken im Sortiment. Hier wird seit über 160 Jahren nach altem Familienrezept gebraut – und das kann sich schmecken lassen!

1847 gründeten die Gebrüder Jakob und Johann Adam Rummel die Brauerei und Gaststätte in der Neckarstraße; die Nähe zur damaligen Eisenbahnlinie, die sich auch im Namen »Zur Eisenbahn« niederschlug, erwies sich sehr schnell als rentabel. Der Erfolg dank stetiger Nachfrage war so groß, dass nur 20 Jahre später der Umzug in die Goebelstraße erfolgen musste, der Ort, an dem das traditionsreiche Unternehmen auch heute noch, mittlerweile in siebter Generation, seinen Platz hat. Qualität, vor allem durch die Verwendung möglichst regionaler Produkte – Wasser aus eigenen Brunnen, eigene Hefezucht oder Gerste aus dem benachbarten Pfungstadt –, aber auch Vielfalt und traditionelle Rezepturen sind die Eckpfeiler der Braustübl'schen Philosophie. In diesem Zusammenhang steht auch die Wiedereinführung des Bügelverschlusses im Jahr 2000, der beim Öffnen eines echten Braustübl-Bieres den Genießer mit einem satten »Plopp« begrüßt. Die Krönung erfolgte 2015, als die Darmstädter Brauerei den Bundesehrenpreis erhielt und mit ihren drei Weizenbieren sogar die bayrische Konkurrenz »plattmachen« konnte.

Adresse Goebelstraße 7, 64293 Darmstadt-Mitte, Tel. 06151/876587 | ÖPNV Straßenbahnen 1, 2, 3, 5, Haltestelle Hauptbahnhof | Öffnungszeiten Mo–Fr 11–22.30 Uhr, Sa 16–22.30 Uhr | Tipp Für jeden Latin-Dancer und jeden, der es noch werden will, gibt es im »Salon Latino« Salsa und andere lateinamerikanische Tänze und Cocktails satt (Rheinstraße 99)!

14 Der Buchheimer Käseladen

Alles Käse …

In der kleinen Schustergasse, zwischen Ratskeller und der Büchergilde Gutenberg am Marktplatz, liegt versteckt Darmstadts ältester Käseladen – nicht irgendeiner, sondern einer von Rang und Namen, dessen Käse es im letzten Jahrhundert sogar bis an die großherzogliche Tafel schaffte.

Die Erfolgsgeschichte begann jedoch bereits einige Jahrzehnte vorher. 1858 eröffnete Johannes Buchheimer mit seiner Frau Katharina einen Lebensmittelladen in der Holzstraße. Schon bald merkte er, dass das Interesse der Kunden vor allem den »halb gegorenen goldgelben Laiben« galt. Eine Spezialisierung auf den Käse folgte, und der Erfolg ließ nicht lange auf sich warten. Das Geschäft florierte, und Buchheimer expandierte. Wie so vieles in der Darmstädter Altstadt wurde auch Buchheimers Käsefachgeschäft in der verheerenden Brandnacht 1944 zerstört. Mit dem Wiederaufbau erfolgte 1955 ein Neubau und der gleichzeitige Umzug in die Schustergasse 3, wo das »Buchheimer« auch heute noch, mittlerweile in fünfter Generation, erfolgreich geführt wird. Über 200 Käsesorten, von regional über national und international bis hin zu Bioprodukten, lagern in der Theke und den Regalen und verströmen ihr unverkennbares Aroma.

Gerda Jakob, die seit immerhin über 50 Jahren hier das Käsemesser schwingt, kennt ihre Kunden und deren Wünsche, und auch die wissen die Käsevielfalt, die fachmännische und seniorengerechte Beratung (mit Auszeichnung) des Familienunternehmens, vor allem jedoch die hausgemachten Kees-Spezialitäten wie Kochkäse oder den stadtweit bekannten und beliebten Käsesalat zu schätzen.

Und da bereits Plinius in seiner Abhandlung »Der Käse über sich selbst« konstatierte, dass Käse der Abschluss eines wahrhaft gelungenen Menüs sei und den Magen schließe, sollte man seinen Darmstadtrundgang mit einer Stulle beenden, die man sich selbstverständlich mit Buchheimer Käse belegen lässt.

Adresse Schustergasse 3, 64283 Darmstadt-Mitte | **ÖPNV** Straßenbahnen 4, 5, 6, 7, 8, Haltestelle Schloss | **Öffnungszeiten** Mo, Di 8–13 und 14.30–18 Uhr, Mi 8–13 Uhr, Do, Fr 8–18 Uhr, Sa 7–13 Uhr | **Tipp** In direkter Nachbarschaft steht ein zweites Fachgeschäft, die Metzgerei Gräber, die ebenfalls seit Generationen die Kunden mit regionalen und internationalen Fleisch- und Wurstwaren bedient.

15 Büchners »Woyzeck«

Darmstadts Beitrag zur Literaturgeschichte

Dass die Familie Büchner etliche Jahre in Darmstadt gelebt und gewirkt, ein Teil der Familie ihre letzte Ruhestätte auf dem Alten Friedhof gefunden und Georg Büchner, der jüngste Spross der Familie, auf seiner Flucht vor den Schergen über die Hofmauer Reißaus genommen hat, das wissen die meisten Darmstädter. Eine schlichte Tafel an der besagten Mauer im Hof zeugt noch von den einstigen prominenten Bewohnern.

Doch nur wenigen (Darmstädtern) ist wohl bekannt, dass Büchners berühmtes, in den Kanon der Weltliteratur eingegangenes Dramen-Fragment »Woyzeck« sein motivisches Vorbild in einem wahren Darmstädter Kriminalfall hat: Der Buchdruckergeselle Lebrecht hatte Geld, zu Wucherzinsen versteht sich, an den Schuster Schneider geliehen. Als dieser seine Schulden nicht zurückzahlen konnte, kam er auf die perfide Idee, sich seines Gläubigers zu entledigen. Unter einem Vorwand lockte er Lebrecht zu einem feuchtfröhlichen Spaziergang in das benachbarte Bischofsheim. Leicht angetrunken schlug er ihn auf dem Heimweg mit einem Stein in Ohnmacht, erwürgte und, da er sich dessen Todes ganz sicher sein wollte, erstach ihn berserkergleich mit seinem Schuhmachermesser. Die Messerspitze ließ er dabei im Schädel stecken. Um die Tat erst einmal zu verdauen, kehrte er, blutverschmiert, wie man nach circa 30 Stichen nun mal ist, im Darmstädter Chausseehaus ein, wo er sich sogleich auf eine Schlägerei einließ. Die Polizei ließ nicht lange auf sich warten und konnte den Übeltäter des Mordes überführen. Der Leichnam Lebrechts landete auf dem Seziertisch von Büchner senior. So viel zum wahren Fall.

Die Parallelen zur tragischen Gestalt im »Woyzeck« sind schnell gezogen. Auch Woyzeck kehrt nach seiner kopflosen Tat – dem Mord an seiner geliebten Marie – blutverschmiert in einer Gastwirtschaft ein, wo er kurzerhand verhaftet wird. Die besten Geschichten schreibt doch das wahre Leben!

Adresse Grafenstraße 39, 64283 Darmstadt-Mitte | ÖPNV Straßenbahnen 2, 3, 9, Haltestelle Luisenplatz | Tipp In Richtung Rheinstraße befindet sich der Darmstädter Modellbahnshop, der das Herz eines jedes Märklinisten höherschlagen lässt; bei über 1.000 Artikeln bleiben hier keine Wünsche offen (Grafenstraße 14–16).

16 Das Café Chaos

Mit einer außergewöhnlichen Automatensammlung

»Hoaschd emol e Magg, isch bräucht emol korz an Gasfeierzaisch« oder »Fer fünf Pennich gibt's e klaa Dutt Braus im Süße Sagg«. Zwar hat sich die Währung mittlerweile geändert, heute muss man Euros einwerfen, dafür sind die nostalgischen Automaten die gleichen wie noch vor 40 oder 50 Jahren. Einen kleinen Traum hat sich Gerd Peter mit seinem skurrilen Café, vor allem jedoch mit den Automaten erfüllt: Über diverse Internetplattformen und Auktionen ergattert, in mühsamer Feinstarbeit restauriert, gehören sie mittlerweile zum festen Inventar des Kult-Cafés.

Über 50 zum Teil sehr ausgefallene Exponate aus den 50er, 60er und 70er Jahren, selbst Vorkriegsmodelle kann man im Café bewundern: Ob Kaugummi von DANDY, Rasierklingen von Osthoff's oder Kondome im Originalautomaten in der Herrentoilette, für jedes Wohl ist gesorgt. Damit das Ganze auch tatsächlich den »musealen« Charakter erhält, besitzt jedes Stück einen Inventarzettel, der Auskunft liefert über den Modelltyp, den Hersteller, das Baujahr, die Verwendung und Besonderheiten – für jeden Automaten-Freak ein Muss, aber für manchen auch eine kleine Reise in die eigene Kindheit. Betagtere Damen brechen schon mal in nostalgische Tränen aus angesichts eines alten VIVIL-Spenders! Das Lieblingsstück des Inhabers ist ein alter Postkartenautomat mit Café-Chaos-Postkarten. In diesem Laden passt wirklich nichts zusammen, da ist schon der Name Programm: leicht vergilbte Jugendstilmalereien an den Wänden, klassische Musikinstrumente in den Nischen und überall verteilt Automaten.

Gastronomisch hat das Café Chaos aber auch noch etwas zu bieten: Frühstück gibt es bis 24 Uhr, sodass selbst der verschlafenste Student nicht hungrig auf die Piste torkeln muss, und mit einer »Wasserwecktasche« und dem »Vampi-Ex« im Magen lässt es sich erwiesenermaßen morgens gleich besser lernen. Kurz: ein Kult-Café mit Gesicht und Seele, von Jung und Alt gern frequentiert.

Adresse Mühlstraße 36, 64283 Darmstadt-Mitte, beim Jugendstilbad, Tel. 06151/20635 | ÖPNV Busse K 55 und K 85, Haltestelle Jugendstilbad | Öffnungszeiten täglich 9–1 Uhr | Tipp Wem der Sinn nach einer gewagten Eiskreation steht, dem sei der Eisverkauf um die Ecke empfohlen. Hier gibt es Eissorten wie »Perversito« (Eis mit Sardellen und Essiggurken)!

17 Das Café Gretchen

Wo Gretchen auf Faust traf

Retro ist voll im Trend, und wenn man dann auch noch lecker Kuchen essen kann wie bei Oma daheim, dann braucht es sicherlich nicht mehr, um glücklich zu sein. In Zeiten, in denen ausgefallene Kaffee-Kreationen zu kunstvoll arrangierten Cupcakes in stylishen, auf Hochglanz polierten Cafés serviert werden, bildet das Gretchen mit seinem nostalgischen Ambiente eine willkommene Ausnahme in Darmstadt und liegt dennoch voll im Trend. Selbst Faust, so hieß der ursprüngliche Besitzer, der seit den 30er Jahren des vorigen Jahrhunderts hier sein gleichnamiges Café samt Konditorei führte, wäre auf sein »Gretchen« wohl stolz gewesen.

Seit 2013 nun mit neuen Besitzern, aber mit genauso viel Nostalgie-Charme und vor allem Kundschaft, selbst der eine oder andere Darmstädter Promi lässt sich zuweilen hier blicken. Die alte Möblierung des Cafés stammt vom Vorgänger, ist mittlerweile schwarz-weiß lackiert und hebt sich deutlich von der roten Blumenmustertapete im Vintage-Style ab. Das »Gretchen« hat aber noch mehr zu bieten, hier wird Tradition gepflegt, werden gutes altes Backhandwerk und traditionelle Rezepte gewürdigt: Seit 2015 gibt es wieder den »Faust'schen« Jubiläumskuchen, groß wie ein Wagenrad und übersät mit Butterstreuseln, ganz wie bei »Omma«.

Traditionelle Kuchen- und Tortenklassiker erfahren jedoch auch häufig eine Neuinterpretation: So wurde kurzerhand die schwere Sahneportion in der Schwarzwälder Kirschtorte durch eine lockerleichte Schmandsahne ersetzt, und auch der Walnuss-Bienenstich hat mit seinem Vorbild nicht mehr so viel gemeinsam, ist aber dennoch ein gustatorischer Gaumenkitzel.

Ob es nun die Kuchen sind, die nach altbewährten Rezepten hergestellt werden, oder das nostalgische Ambiente, das die Besucher begeistert, die Sehnsucht nach Beständigkeit in einer durch Schnelllebigkeit und Verschwendungssucht geprägten Kultur wird zunehmend spürbarer – *Time out!*

Adresse Spessartring 27, 64287 Darmstadt-Martinsviertel, Tel. 06151/9717868 | ÖPNV Busse F und U, Haltestelle Spessartring | Öffnungszeiten Mi–Fr 11–18 Uhr, Sa, So 9–18 Uhr | Tipp Die »Esskneipe Rumpelstilzchen« bietet in urigem Ambiente für jeden Wochentag unterschiedliche Speisen zu ermäßigten Preisen an. Außerdem ist täglich ab 21 Uhr Happy Hour mit Cocktails zu günstigen Preisen (Dieburger Straße 72).

18 Das Cembalo in der Kirche

Klang-Malerei in flämischer Tradition

In der evangelischen Petruskirche in Bessungen, der heimlichen Hauptstadt der Lappinge (siehe Ort 68), befindet sich seit 2008 ein »Gesamtkunstwerk« und zugleich eine Rarität: ein handgefertigtes Cembalo aus der Werkstatt des Bessunger Cembalo-Bauers Schreiner.

Bei der Fertigung des Instrumentes hat sich der vom »grazilen und transparenten« Klang der Cembalos faszinierte Handwerkskünstler an der Bauweise und Gestaltung der traditionellen flämischen Schule orientiert: eine einfache, unkomplizierte Bauweise unter Verwendung von hochqualitativen Materialien und eine reichhaltige ornamentale Dekoration des Resonanzbodens mit Blumen- und Tiermotiven. Das für ein Cembalo notwendige Resonanzloch, eine eingearbeitete Rosette, trägt üblicherweise das ganz persönliche »Kennzeichen« des Baumeisters. Schreiner hat sich bei der Gestaltung der kunstvollen Rosette für das Motiv der drei Hasen (französisch lapins) entschieden, als Hommage an den Stadtteil, in dem er lebt und arbeitet.

Die aufwendige Bemalung des Resonanzbodens, besonders um die Rosette herum, steht ganz in der flämischen Tradition. Schreiner wählte auch hier eine eigene subtile Symbolik bei der Auswahl der eingearbeiteten Motive: Einfache Blütenpflanzen drücken seine Beziehung zur einheimischen Flora aus, Insekten wie Schmetterlinge stehen für das universelle Prinzip der Metamorphose, die auch Musikinstrumenten innewohnt, da sie zu individuellem Leben erweckt werden durch die Seele der Musik. Etliche Motive wiederholen sich dreifach und repräsentieren die Heilige Dreifaltigkeit.

Zufall oder Absicht: Auch Lilien finden sich auf Schreiners Cembalo; auf den flämischen Originalen waren sie Glaubenssymbole, die Lilie als Symbol der Herrschaft findet sich auf dem Darmstädter Wappen, und auch das Team des Darmstädter Fußballvereins SV 98 wird »die Lilien« genannt und hat in Bessungen Heimvorteil!

Adresse Am Kapellberg 2, 64285 Darmstadt, Tel. 06151/63884 | **ÖPNV** Straßenbahn 3, Haltestelle Orangerie | **Öffnungszeiten** der Kirche Mi 17–19 Uhr | **Tipp** Im nahe gelegenen Orangerie-Garten kann man promenieren oder sich ausruhen, oder man nutzt die Gelegenheit zu einer literarischen Abendlesung im Lesegarten der Orangerie (Termine unter www.buechereien-bleiben.de).

19 Die Centralstation

Ein E-Werk wird zum Kulturzentrum

Wo heute das pulsierende Leben stattfindet, Partys, Konzerte und Kulturveranstaltungen verschiedenster Art den Darmstädtern so richtig »einheizen«, wurden gegen Ende des 19. Jahrhunderts die Weichen gestellt, um Darmstadt den Anschluss an moderne Zeiten zu ermöglichen. Das Schlagwort für das Großstädtische und Moderne schlechthin war Elektrizität, und so nimmt es nicht wunder, dass auch Darmstadt als damalige Landeshauptstadt mithielt – als eine von drei Städten weltweit!

Im Zentrum Darmstadts wurde 1888 die »Centralstation für elektrische Beleuchtung« errichtet, der Grundstein für Darmstadts Stromversorgung war gelegt! In unmittelbarer Nähe zum Schloss, zu Hoftheater und Handel konnte man dank dieser neuen Erfindung dem modernen Leben mit all seinen Annehmlichkeiten frönen. Schon elf Jahre später wird das Werk erweitert, und 1905 entstehen die auch heute noch erhaltenen Gebäude der Maschinenhalle und des Kesselhauses. Die Fassade der Hallen orientiert sich in ihrer Dreiteilung und dem erhöhten Mittelteil bewusst am Prinzip einer Basilika; Stahlrahmenfachwerk, Sichtmauerwerk und Eisenfenster sind typische Merkmale der damaligen Industriearchitektur. Bald reicht die Kapazität nicht mehr aus, um die wachsende Stadt mit dem neu errichteten Hauptbahnhof zu versorgen, und ein zweites Werk nahe dem Bahnhof wird gebaut. 1920 wird die Stromerzeugung in der Centralstation stillgelegt, sie dient nur noch als Schalthaus. Der Bombenhagel von 1944 macht auch vor den Hallen nicht halt, die Dächer werden vollständig zerstört, nur die Außenwände bleiben. Notdürftig repariert, wird das Werk noch bis 1976 genutzt. 1999 wird die Centralstation unter dem alten Namen neu eröffnet: ein Hinweis auf die Bedeutung der vielfältigen kulturellen Veranstaltungen (Konzerte aller Art, Theater, Filmvorführungen, Dichterlesungen, Ausstellungen und Gastronomie) für das neue Darmstadt.

Adresse Im Carree, 64283 Darmstadt-Mitte, Tel. 06151/7806900 | ÖPNV Straßenbahnen 2, 3, 9, Haltestelle Luisenplatz | Tipp Gleich in der Nähe werden heiße Suppen und Feinkost für Genießer serviert bei »SuppKult Elisabeth« (Schulstraße 14).

20 Comic Cosmos

Ein Leben für die Comics

Betritt man Naaman Wakims »Comic Cosmos«, so ist das wie Eintauchen und Schwelgen in Kindheitsträumen und -erinnerungen, in Zeiten, in denen man stundenlang, heimlich und unter der Kuscheldecke in abgewetzten Comicheftchen die Geschichten der Superhelden miterlebte und sich nach Parallelwelten sehnte.

Auch wenn die Comic-Kultur in Deutschland nicht einen so exzeptionellen Rang wie in anderen europäischen Ländern, allen voran Frankreich und Belgien, oder den USA besitzt, muss sie hierzulande längst kein Nischendasein mehr fristen. Zu verdanken ist dies nicht nur der unglaublichen Bandbreite an Genres, die dieses Medium abdeckt, sondern auch der unerschöpflichen und zuweilen recht anspruchsvollen Themenvielfalt, an die sich die Illustratoren heranwagen. Die besondere Erzählform in der Kombination von Text und Bild hat den Spagat zwischen Unterhaltung und Informationsvermittlung längst geschafft: Das Marx'sche »Kapital« erklärt endlich in verständlicher Form die Zusammenhänge der Nationalökonomien, Sancho Pansa und Don Quichotte ziehen ohne viele Worte in Bildern durch die Mancha, sogar Dissertationen erscheinen in Comicform!

Seit 1999 bietet Inhaber Wakim (der nicht nur Meister seines Faches ist, sondern auch Seelsorgerqualitäten besitzt) in seinem Laden einen wahren Comic-Kosmos, mit über 30.000 Heftchen, Heften und Büchern – es gibt hier fast nichts, was es nicht gibt. Neben den nie vergessenen Klassikern und dem schier überbordenden Manga- und Anime-Sortiment liegen die Schwerpunkte auf den eher etwas anspruchsvolleren Graphic Novels und englischsprachigen Comics, aber auch Comics kleiner Verlage finden hier einen würdigen Platz. Das Publikum ist gemischt, »vom Straßenreiniger bis zum Professor« (O-Ton!) ist alles vertreten! Selbst Kinder und Jugendliche im schulpflichtigen Alter verbringen ihre Stunden lieber hier als in anderen Lernstätten.

Adresse Saalbaustraße 5, 64283 Darmstadt-Mitte, Tel. 06151/296590 | ÖPNV Straßenbahnen 2, 3, 4, 5, 9, Haltestelle Rheinstraße/Neckarstraße | Öffnungszeiten Mo–Fr 11–19 Uhr, Sa 11–17 Uhr | Tipp In der Nähe findet man das Restaurant »Mondo Daily« mit vegetarischen und veganen Gerichten, über denen ein Hauch von Orient schwebt (Grafenstraße 31).

21 Die Dampfwäscherei

Ein Familienbetrieb im Wandel

In der Nähe der Orangerie, in der Jahnstraße 4, hinter einem roten Tor, steht ein Gebäude mit einem hohen Schornstein, der ahnen lässt, dass dieses Ensemble einst einem ganz anderen Zweck als dem heutigen diente.

Es handelt sich um die Waschhäuser der ehemaligen Wäscherei Hering, die um 1900 vom enormen Bevölkerungszuwachs der gesamten Stadt profitierte: Hier wurde die Wäsche von wohlhabenden Privathaushalten gewaschen und dampfgebügelt; Großaufträge kamen von Hotels, Pensionen, Kasernen, und später ließ auch die großherzogliche Familie hier waschen und bügeln. Angeblich schenkte sogar Zar Nikolaus dem Inhaber eine kostbare Uhr ob der guten Arbeit! Die Auftragslage war gut, das Unternehmen konnte in neue Dampfmaschinen mit größeren Heizkesseln, Zentrifugen und leistungsstärkere Pumpsysteme für die eigene Brunnenanlage investieren.

Die Aufträge des Militärs fielen nach dem Ersten Weltkrieg weg, das Geschäft florierte nicht mehr. Dennoch expandierte die Großwäscherei im Vertrauen auf eine bessere Wirtschaftslage. Die trat kurzfristig auch ein: Nach dem Zweiten Weltkrieg erholte sich die mäßige Umsatzlage aufgrund der ansässigen amerikanischen Bevölkerung, die hier waschen ließ. Jedoch immer mehr Konkurrenz entstand, die Waschmaschine in den privaten Haushalten tat ein Übriges. Angestellte mussten entlassen werden, der Schuldenberg wuchs auf über 400.000 Mark, und die traditionsreiche Wäscherei wurde zwangsversteigert. Das Eigentümerehepaar wurde auf Kosten der Sozialhilfe in einem Altenheim untergebracht. Der Inhaber beging 1971 Suizid.

Das Ensemble wurde komplett umgestaltet: Aus den Waschräumen und dem Wohnhaus wurden schmucke teure Eigentumswohnungen, im hinteren Bereich befindet sich ein Architekturbüro, einzig der Schornstein, das inoffizielle Wahrzeichen des Viertels, wurde originalgetreu restauriert und erinnert an die ehemalige Nutzung.

Adresse Jahnstraße 4, 64285 Darmstadt-Bessungen | **ÖPNV** Straßenbahn 3, Haltestelle Orangerie | **Tipp** Wer mag, kann durch die Alte Seegasse schlendern, in der niemand mehr wohnt, in der jedoch Verkehrsschilder stehen und Parkplätze vorhanden sind. Sie liegt, wie der Name sagt, an einem ehemaligen kleinen See, aus dem die Wäscherei ihr Wasser bezog (um die Ecke, gegenüber dem Nordtor der Orangerie).

22 Die Darmstädter Elle

Das Maß aller Dinge

Wer heutzutage dem Alten Rathaus am Marktplatz einen Besuch abstattet, der möchte sich entweder das Jawort im dort ansässigen Standesamt geben oder aber gemütlich sein Bier im Ratskeller genießen. Kaum jemand fällt wohl die 60 Zentimeter lange »Stange« auf, die doch so prächtig gülden an der Portallaibung des Treppenturms mit der Sonne um die Wette strahlt. Wüsste der nichts ahnende Passant, um welch wertvolle und maßgebliche Gerätschaft es sich hierbei handelt, dann würde er diese Stange sicherlich auch eines zweiten Blickes würdigen.

Das heutige Treiben, vor allem an den mehrfach wöchentlich abgehaltenen Markttagen, erinnert nur entfernt an den regen Marktbetrieb vergangener Jahrhunderte; Handwerker neben feilbietenden Kaufleuten, fein betuchte Bürger neben Bettlern, Artisten neben Musikern und »unehrlichen Leut« – ein bunt zusammengewürfeltes Volk. Da das Markthalten ganz wesentlich über die Existenz einer Stadt entschied, war der Marktfrieden stets eine wichtige Angelegenheit und oblag dem Stadtrat und damit den Ratsherren. Maße und Gewichte des Handels und Gewerbes mussten damals schon eingehalten werden, um Vergleichbarkeit zu gewährleisten: Das wichtigste, da einzige Längenmaßinstrument, das seit 1716 im Großherzogtum Darmstadt in Gebrauch war, war die Darmstädter Elle – 60 Zentimeter lang und in 24 Zoll unterteilt. So konnten bis zur Einführung des metrischen Einheitssystems im Jahre 1872 die von den Handeltreibenden dargebotenen Stoffe und Waren zumindest regional einheitlich gemessen werden.

Was heute einfach klingt, nämlich die bisher genaueste Definition des Urmeters seit 1983 – 1 Meter ist die Strecke, die das Licht im Vakuum in 1/299.792.458 Sekunden zurücklegt –, war damals noch viel einfacher: Die alte Darmstädter Elle des Großherzogtums Hessen entsprach ziemlich genau 242,79 Pariser Linien, wobei eine Pariser Linie 2,2558 Millimeter lang war! Das war doch einfach, oder?

Adresse Marktplatz 8, 64283 Darmstadt-Mitte | ÖPNV fast alle Straßenbahnen, Haltestelle Schloss | Tipp Heute sind im Alten Rathaus das Standesamt und der »Darmstädter Ratskeller« samt Hausbrauerei untergebracht, eine der drei übrig gebliebenen Brauereien Darmstadts (siehe Ort 13).

23 Die Darmstadtia

Die Irrfahrten einer Schutzpatronin

Von einer Statue – einem Standbild – erwartet man üblicherweise, so deutet es die etymologische Herkunft des Wortes bereits an, eine gewisse Standhaftigkeit. Umso mehr, wenn es sich dabei um eine so wichtige Persönlichkeit wie die Schutzpatronin Darmstadts und die Namenspatronin Hessens handelt! Aber manchmal zwingen die Umstände zu einem mehrmaligen Umzug!

Die »Darmstadtia«, auch »Hassia« gerufen, wurde 1864 von J. B. Scholl dem Jüngeren aus Sandstein gemeißelt. Sie hält ein Schwert in der rechten, einen Schild mit dem Stadtwappen in der linken Hand, trägt eine Krone auf ihrem Haupt und krönte einen Brunnen auf dem Ludwigsplatz, den Hassiabrunnen. Hier stand sie 40 Jahre. Bis dann jener unsägliche Bismarckkult aufkam, der uns unzählige Denkmale in den Städten und fast genauso viele Türme über den Städten einbrachte. Nach langem Hin und Her wurde auch in Darmstadt ein Bismarckdenkmal errichtet, ausgerechnet auf dem Ludwigsplatz. Auf einem von Habich und Pützer gebauten Brunnen, dessen reich verzierte Symbolik übrigens sehenswert ist, wurde eine wirkungsvolle Statue des ehemaligen Reichskanzlers aufgestellt. Neben dem großen Politiker war kein Platz mehr, also musste die große Patronin mitsamt dem Brunnen auf den Taunusplatz im Martinsviertel umziehen.

1944 wurde der Brunnen stark beschädigt, die Statue bekam nur kleinere Blessuren ab und konnte gerettet werden. Da man nicht genau wusste, wohin mit ihr, wurde sie im städtischen Bauhof zwischengelagert. Im Keller des Alten Pädagogs, in dem bereits ein Restaurationsbetrieb untergebracht war, fand sie 1983 eine vorübergehende Bleibe. Mit nikotingelber Patina auf dem Sandstein fand ihre Irrfahrt 2013 ein Ende: Im modernen »darmstadtium« wurde ein schöner heller Platz für sie eingerichtet, und hier hat sie hoffentlich eine Heimat gefunden. Eine Kopie der Darmstadtia steht übrigens im Wolfskehl'schen Garten.

Adresse darmstadtium, im hinteren Foyer, Schlossgraben 1, 64283 Darmstadt-Mitte, www.darmstadtium.de | **ÖPNV** fast alle Straßenbahnen, Haltestelle Schloss | **Tipp** Ebenfalls ein Darmstädter Original ist der »Bayrische Hof«, eines der ältesten Gebäude, ehemals Brauerei, heute mit gutbürgerlichen Schmankerln zu günstigen Studentenpreisen (Alexanderstraße 33).

24 Der Datterich am Dreibrunnen

Ein Anarchist im Biedermeierkostüm

An den possierlichen Gelenkfiguren des Datterichbrunnens hat sicherlich fast jeder schon einmal gedreht, und auch sonst ist die Lokal-Ikone Datterich aus dem Darmstädter Stadtbild und dem Bewusstsein der Menschen hier nicht wegzudenken – Gaststätten, Straßenzüge, Brote und diverse Devotionalien tragen ehrenvoll seinen Namen. Es gibt allerdings ein Bronzerelief von Gotthelf Schlotter mit einer Datterichszene, das nicht zuletzt wegen seiner versteckten Lage in Vergessenheit geraten ist. Dieses befindet sich am »Dreibrunnen«, der seit Ende des 16. Jahrhunderts als städtische Wasserversorgung diente und um dessen Bestehen sich eine Legende rankt: So sollen alle frisch geborenen Heiner von einem Storch aus ebenjenem Quellwasser gezogen worden sein.

Doch zurück zum berühmten Datterich: Die gleichnamige Posse wurde 1841 von Ernst Elias Niebergall geschrieben und war als kritische Antwort auf die kleingeistig-brave Gesellschaft der Biedermeierzeit zu verstehen. Hauptakteur ist der wegen Trunkenheit im Dienst entlassene Kanzleigehilfe Friedrich Hauser, der öfter mal den Tatterich hat. Großmäulig und schlitzohrig, wie der allseits gefürchtete »geniale Schnorrer« nun mal ist, schafft er es auch ohne Einkommen, seinen Lieblingsbeschäftigungen nachzugehen – Skat zu spielen und dabei literweise zu zechen, gleichzeitig aber auch (selbst-)ironisch anderen den Spiegel vorzuhalten. Neben seinen wortakrobatischen Sprüchen und tiefsinnigen Lebensweisheiten ist es vor allem die Lebensart des Datterichs, die einen deutlichen Hauch von Anarchie, Freiheit und Selbstbestimmung versprüht und gerade in der heutigen Zeit aktueller denn je ist. Eine Leistungsgesellschaft, in der finanzieller Wohlstand zum reinen Profitdenken entartet, Fleiß und Anstrengungsbereitschaft zwanghaft scheinen, kann für das Individuum nur destruktiv sein. »Deshalb übe dich ab und an im Müßiggang!«

Adresse beim Hofgut Oberfeld, Erbacher Straße 125, 64287 Darmstadt-Oberfeld, gegenüber den »Arbeiterhäusern« | **ÖPNV** Busse K55 und K56, Haltestelle An der Meierei | **Tipp** Die Skulpturengruppe »Die Unbesiegbaren« von Detlef Kraft (2007) mitten auf dem Oberfeld ist einen Blick wert.

25 Die »Deckel« im Pflaster

Partnerstädte mit Füßen getreten?

Zufällig ausgewählte Passanten antworteten auf die Frage, was das denn für Pflastereinlagen seien, an denen sie gerade vorbeigelaufen oder über die sie soeben gar gestapft sind, mehrheitlich: »Was für Pflastereinlagen?« Andere, drei von zehn, antworteten, dies seien Kanaldeckel. Wieder andere hielten sie schlichtweg für schlecht platzierte Platten, gefährlich glatt und glitschig-rutschig, »der Sinn und Zweck dieser Teile ist mir schleierhaft«. Eine verschwindende Minderheit nahm sich die Zeit, diese Pflasterplatten eines zweiten Blickes zu würdigen, und sie erkannten: »Oh! Das sind vermutlich Ansichten von Darmstadts Partnerstädten!«

Der Kunstschmied Thomas Burhenne hat 15 Bronzegussplatten angefertigt, die auf beeindruckende Art bekannte Ansichten und Wahrzeichen von Darmstadts 15 Partnerstädten zeigen und die in diesem kurzen, aber stark belebten und befahrenen Straßenabschnitt beidseitig ins Pflaster eingearbeitet wurden.

Die eingangs zitierten Äußerungen sind nicht repräsentativ, doch mögen sie eine Tendenz zeigen: Die Reliefs führen hier ein Schattendasein, scheinen verloren und etwas »fehl am Platz« zu sein, so wie der kurze Abschnitt der Rheinstraße, die sich schon vorher in Darmstadts Untergrund verliert und hier urplötzlich wieder auftaucht. In der hektischen Betriebsamkeit der Innenstadt, in der aufkeimenden Ignoranz für Umwelt und Mitmenschen und der zunehmenden Zerfledderung, in der Passanten fast nur noch Blick- und Fingerkontakt mit ihren Smartphones halten, entziehen sich die Reliefplatten dem offenen Blick, scheinen hier achtlos mit Füßen getreten zu werden.

Mit 15 Partnerschaften liegt Darmstadt auf Rang drei der Liste deutscher Städte mit Partnerstädten, zusammen mit Bonn und Leipzig, aber diese Bekenntnisse zu internationaler Freundschaft und Zusammenarbeit hätten vielleicht einen besseren Platz verdient als hier, neben Straßenbahngleisen.

Adresse (obere) Rheinstraße, zwischen Luisenplatz und Ernst-Ludwigs-Platz, 64283 Darmstadt-Mitte | ÖPNV fast alle Straßenbahnen, Haltestelle Luisenplatz | Tipp Ein Highlight des Darmstädter Weihnachtsmarktes sind die Stände aus den Partnerstädten Darmstadts, die mit kulinarischen Spezialitäten und Kunsthandwerk bestückt sind.

26 Die Dianaburg

Ein Jagdpavillon für die feine Gesellschaft

1765 ließ der von der Parforcejagd besessene Landgraf Ludwig VIII. am Waldrand zu Arheilgen ein Rokoko-Jagdschloss erbauen, Dianaburg wurde es genannt. Es war achteckig, lag auf einem künstlichen Hügel, wurde von einem Zaun umgeben und besaß einen kleinen Lustgarten, der vermutlich auch ein bisschen Gemüse hergab für die im Souterrain gelegene Küche. Im Erdgeschoss war ein Speisesaal, in den mittels eines neuartigen »Tischlein deck dich«-Mechanismus wie von Zauberhand Speisen aus der Küche gelangten. Im Obergeschoss befanden sich Schlafräume.

Die Dianaburg diente einzig Jagdzwecken: Der »Jagdlandgraf« konnte hier Jagdgesellschaften beherbergen, sie zauberhaft bewirten und in aller Frühe zur Operation Jagd aufbrechen. Und womöglich tafelte ja während der Hetzjagden die feine Gesellschaft im Speisesaal und ergötzte sich am erschöpften Hirsch, der sich vielleicht in Todesangst mit einem letzten Satz über den Zaun in Sicherheit bringen wollte! Durch ein System von sternartig angelegten Schneisen konnte man das Treiben bestens verfolgen, und das erlegte Wild wurde dann mit Vergnügen verspeist, mit wundervollem Blick auf die Ebene.

Ludwig IX. schaffte die ruinöse Parforcejagd ab, und die Dianaburg fiel in einen Dornröschenschlaf, bis sie 1808 zum Abbruch verkauft wurde. 1836 ließ Ludwig III. an gleicher Stelle einen kleineren Pavillon im Biedermeierstil errichten. Auch die zugewachsenen Schneisen wurden wieder freigelegt, sie erhielten Namen aus der griechischen Mythologie, sogar ein Labyrinth wurde angelegt. Der Pavillon verfiel jedoch zusehends, wurde 2007 aufwendig restauriert. Heute befindet sich ein Trauzimmer im Inneren, das von vielen Trauwilligen als Alternative zum überlaufenen Hochzeitsturm genutzt wird. Der kleine Pavillon liegt immer noch sehr idyllisch im Wald, die ganze Anlage birgt sommers wie winters eine verzaubernde Atmosphäre.

Adresse am Ende des Kalkofenwegs, 64291 Darmstadt-Arheilgen | **Anfahrt** von Arheilgen, in der Kettenwiesenstraße den Hinweisschildern Forsthaus folgen, vom Forsthaus Kalkofen 300 Meter Fußweg | **Tipp** In der Nähe der Dianaschneise versteckt sich der Dianateich, ein Biotop und »Naturdenkmal« der Region (circa 300 Meter die Dianaschneise entlang).

27 Das Dorfmuseum

Lebendige Geschichte

Warum das Bügeleisen früher als Plätteisen bezeichnet wurde, das wird einem blitzschnell klar, wenn man ein solch zehn Kilogramm schweres Kohlebügeleisen in der Hand hält. Die Hausfrauen von damals hatten es im wahrsten Sinne des Wortes schwer! Eine Vielzahl von interessanten, längst vergessenen oder gänzlich unbekannten Gerätschaften aus dem Privat- und Arbeitsleben entdeckt der Besucher des Dorfmuseums in Wixhausen und kommt wohl aus dem Staunen gar nicht mehr heraus.

Eins kann man mit Sicherheit sagen: Das Leben war hart und beschwerlich, aber die Menschen waren seit jeher kreativ, und manch eine unserer heutigen kleinen und großen technischen Errungenschaften – wie Waffeleisen oder Weinöffner – wäre ohne diesen frühen Erfindungsgeist undenkbar. Das Museum, das sich in einem circa 400 Jahre alten fränkischen Fachwerkhaus befindet, ist das einzige in Hessen, das von der evangelischen Kirche verwaltet wird. Die Sammlung geht auf eine Initiative des damaligen Pfarrers Hans-Eberhardt Ruhl zurück, der die Idee hatte, das Leben des Dorfes auf ganz anschauliche Weise für die Nachwelt zu erhalten. Die Ackergerätschaften bildeten einst den Grundstock der Sammlung, heute sind die Exponate, die das bäuerliche Leben in allen seinen Facetten seit etwa 1830 bis 1960 nachzeichnen, so zahlreich, dass sie die Räumlichkeiten des alten Fachwerkhauses beinahe sprengen.

Gepflegt, gewartet und geführt wird das Ganze von ehrenamtlichen Helfern, die nach einer intensiven Entrümpelungsaktion 2008 die Räumlichkeiten museal aufbereitet haben und stolz den Besucher durch die sechs Themenräume führen: Trocken und zahlenlastig sind die kostenlosen Führungen durch die Gut Stubb, die Küch, den Geräteraum oder die detailgetreue Schuhmacherwerkstatt nie, dafür umso unterhaltsamer. Ob Jung (Schulklassen können auch die alte Schulbank drücken) oder Alt, zu sehen und staunen gibt es hier überall etwas.

Adresse Untergasse 1, 64291 Darmstadt-Wixhausen, Tel. 06150/7731 | ÖPNV Straßenbahnen 6, 7, 8 bis Arheilgen, Haltestelle Dreieichstraße, umsteigen in WX/G-Bus bis Wixhausen, Haltestelle Brückengasse | Öffnungszeiten Anfang April – Anfang Okt. (Erntedankfest) an jedem 1. Sonntag im Monat 14 – 16.30 Uhr | Tipp An drei festgelegten Terminen ist der Museumsbackofen im Hof angeheizt. Einwohner und Gäste können hier ihr eigenes Brot backen.

28 Die »Dornheimer Brücke«

Über 23 Gleise musst du gehen

… um den Jugendstil zu sehen! Wer angenommen hat, der Jugendstil in Darmstadt zeige sich nur an Gebäuden wie dem Fünf-Finger-Turm, dem Wahrzeichen der Mathildenhöhe, am Jugendstilbad oder am Löwentor zur Rosenhöhe, der irrt. Der Jugendstil ist auch erkennbar – wenn auch nicht so offensichtlich – an der Brücke zum Dornheimer Weg, die zusammen mit dem ehemaligen Wasserturm am Bahnhof ein Ensemble bildet, das mittlerweile unter Denkmalschutz steht. Man muss nur etwas genauer hinschauen!

Die 163 Meter lange Dornheimer Brücke überspannt die Bahngleise, die zum benachbarten Bahnhof führen. Sie wurde 1910 fertiggestellt und dient seitdem als Fußgänger- und Straßenverkehrsbrücke, zeitweise führte auch eine Straßenbahnlinie darüber. Zwei Jahre später kam der Bau des Wasserturms hinzu, der im Zuge des neu gebauten Bahnhofs errichtet wurde. Als die Eisenbahn in den späten 50er Jahren des letzten Jahrhunderts elektrifiziert wurde, musste die Brücke um etwa einen halben Meter angehoben werden. Dies lässt sich noch an einer steinernen Sitzbank neben dem Wasserturm erkennen: Die Sitzfläche der Bank liegt heute auf einer Ebene mit der Bismarckstraße.

Im Jahr 2003 musste die Brücke aufwendig saniert werden, die ursprüngliche Konstruktion wurde dem zunehmenden Verkehr nicht mehr gerecht, aggressive Umweltbedingungen taten ein Übriges zur Korrosion mancher Bauelemente. Die ausgetauschten und ergänzten Teile wurden genau imitiert, Stahl wurde genietet, damit das Originalbild erhalten blieb. Zudem wurden vier Gehwegleuchten installiert, die auf den ersten Blick zwar unauffällig wirken, aber dennoch deutlich erkennbare Elemente des Jugendstils aufweisen.

Für Brückenliebhaber und Fotografen ist die Dornheimer Brücke ein Muss: Wenn die Sonne gegen Abend tiefer steht, sollte man sie zu Fuß überqueren – die gesamte Konstruktion wirft dann großartige Licht- und Schattenspiele!

Adresse Bismarckstraße 179, 64293 Darmstadt-Nord | ÖPNV verschiedene Straßenbahnlinien und Busse bis Hauptbahnhof, von dort sechs Minuten Fußweg | Tipp Auf dem Gelände des Güterbahnhofs, Ecke Bismarckstraße / Kirschenallee, erinnert ein kubisches Mahnmal an die Deportationen von Roma und Sinti, die von hier in die Konzentrationslager gebracht wurden. Mitunter jedoch befindet sich dieses »in der Werkstatt«, wenn es wieder einmal von Vandalen beschädigt wurde, und es sind nur Gleise mit einem Prellbock zu sehen.

29 Die Eberstädter »Toskana«

Hinaus in die grünen Dünen

Von dem kleinen versteckten Parkplatz hinter der Grundschule geht's ins Grüne, vorbei an den östlichen Häuserreihen von Eberstadt. Hinter der nächsten Hecke öffnet sich der Blick auf grüne, baumbestandene Hügel, die hoch in den Himmel zu ragen scheinen. Hier beginnt der Odenwald mit – wer hätte es gedacht – so hohen Sanddünen, wie sie in Deutschland nur selten zu finden sind, abgesehen von den Dünenlandschaften an Nord- und Ostsee. Die Hügel sind Teil eines riesigen Flugsandgebiets, das sich von Mainz bis hierher erstreckt. Der unermüdliche Westwind trug den Sand vor 10.000 Jahren aus der Rheinebene bis an die ersten Erhebungen des Odenwaldes. Heutzutage erkennt man die Dünen noch an den sandigen Wegen und Pfaden, die dieses insgesamt 37 Hektar große Naturschutzgebiet durchziehen.

Im Laufe der Jahrhunderte wurde in dieser warmen Region von den Eberstädtern zunächst Wein und Obst angebaut, aber die Invasion der Reblaus in Europa nach 1860 machte dem Weinanbau den Garaus. Findige Eberstädter Bauern verlegten sich aufs Bierbrauen, andere bauten Kartoffeln an, als Nahrung für ärmere Menschen und als Grundlage für die Kartoffelschnapsbrennerei. Die Wiesen mit den Obstbäumen blieben, die Obsternte von hochstämmigen Bäumen wurde jedoch unrentabel, und so gerieten die Obstbäume nach und nach in Vergessenheit.

Um die Wiesen nicht ganz verkommen zu lassen, ließ man seit den 1930er Jahren Schafe zwischen den Bäumen grasen, und die gelegentliche Neupflanzung junger Bäume ließ die uralte Sanddünenlandschaft zu Hessens größten zusammenhängenden Streuobstwiesen werden. Heute bieten diese Wiesen einzigartige artenreiche Habitate für Flora und Fauna, besonders für die Vogelwelt.

Eine Wanderung durch die Streuobstwiesen und die Aussicht von den Kuppen der Dünen an einem nicht zu heißen Spätsommertag sind ein Labsal für den gehetzten modernen Stadtmenschen.

Adresse 64297 Darmstadt, Fußweg vom Parkplatz hinter der Grundschule in der Heinrich-Delp-Straße 187, links halten (Holzschild »Melitabrunnen«), dem Weg ins Hettersbachtal folgen, nach etwa 900 Metern führt eine kleine Treppe rechts herunter über den Hettersbach, dann halb links den Hügel mit den Obstbäumen erklimmen | **ÖPNV** Straßenbahnen 1, 7, 8, Haltestelle Von-Ketteler-Straße | **Tipp** Nach dieser Wanderung hat man sich einen ordentlichen Happen verdient; beispielsweise im Kultlokal »Antik Lokales«, auch »die etwas andere Pizzeria« genannt, mit über 120 Pizzen und noch mehr auf der Speisekarte (Heidelberger Landstraße 258–260).

30 Das Eisenbahnmuseum

Feuerspeiende Dinos aus der Vergangenheit

Wie Drachen aus einer anderen Zeit stehen sie hier. An manchen nagt sichtbar der Zahn der Zeit, andere glänzen frisch geölt. Wer je eine Märklin- oder Fleischmann-Modelleisenbahn hatte, senkt ehrfürchtig das Haupt vor den hier ausgestellten Riesen aus über einem Jahrhundert Eisenbahngeschichte: In voller »Lebensgröße«, schwergewichtig und doch so kräftig, dass sie schier endlos lange Lindwürmer hinter sich herzogen, scheinen sie nur darauf zu warten, wieder fauchen zu dürfen.

Das Kranichsteiner Eisenbahnmuseum ist das größte in Hessen. Auf dem großen Gelände und im Lokschuppen stehen über 200 originale Eisenbahnfahrzeuge, davon etwa 40 Triebfahrzeuge: kleine Rangier-Loks, ein Wismarer Schienenbus (eine Kuriosität mit je einem Motor vorn und hinten), eine Schwerstarbeiterin der Baureihe 44, die legendäre, flinke »01«, aber auch »modernere« Schienenbusse, Dieselloks und E-Loks.

Ein besonderes Prunkstück mit einer recht »abgefahrenen« Geschichte ist die preußische G8-Dampflok »4981 Mainz«: 1913 gebaut, fand sie ab 1914 in der Türkei beim Bau der Bagdad-Bahn ihren Einsatz. Dort wurde sie teilweise demontiert und auf die Schmalspur über das Taurusgebirge umgerüstet. Nach vielen Jahren und Kilometern über den Taurus, dank türkischer Sorglosigkeit und mangels eines »Ersatzteilträgers« (!), ging nichts mehr, und sie musste 1987 nach Deutschland zurückgeschleppt werden, auf eigenen Rädern immerhin. Während der Rückführung verlor sie mehr und mehr Einzelteile und erreichte in einem erbärmlichen Zustand Deutschland, wo sie mühsam wieder fahrtüchtig gemacht wurde.

Das Museum verfügt zudem über einen mobilen Bahn-Zug mit betriebsfähigen Waggons, in die große Modellbahnanlagen eingebaut sind. Jedes Jahr im Herbst finden hier die beliebten »Dampfloktage« statt, die mit unterschiedlichen Schwerpunkten Interessierten jeden Alters lebendige Eisenbahngeschichte nahebringen wollen.

Adresse Steinstraße 7, 64291 Darmstadt-Kranichstein, Tel. 06151/377600 | ÖPNV Straßenbahnen 4 und 5, Haltestelle Kranichstein Bahnhof | Öffnungszeiten So, Feiertage 10–16 Uhr, April–Sept. auch Mi 10–16 Uhr; Besichtigung nur mit Führung; »Mitfahrgelegenheiten« auf www.bahnwelt.de | Tipp Eine architektonische Augenweide ist das Gebäude des Transferzentrums Adaptronik des Fraunhofer-Instituts. Die schimmernden Messingplatten der Fassade präsentieren ein unvergleichliches Licht- und Schattenspiel (Bartningstraße 47).

31 Die »Elizabeth-Duncan-Schule«

Filmreifes Schicksal der Frau mit dem roten Halstuch

»Noch so 'n Jugendstilbau!«, könnte manch einer seufzen angesichts des Hauptbaus des heutigen Schulzentrums auf der Marienhöhe. Nichts Außergewöhnliches, wäre mit ihm nicht die Geschichte eines außergewöhnlichen Lebens und eines äußerst tragischen Schicksals verknüpft.

Errichtet zwischen 1910 und 1911, diente das Gebäude bis zum Ende des Zweiten Weltkriegs als Schulheim für Mädchen, die dort gemäß einer neuen Reformpädagogik erzogen wurden, ein Konzept, das eine ganzheitliche Erziehung vorsah, in der Körper, Seele und Geist gleichermaßen gefordert und gefördert wurden. Keine Geringeren als die begnadete und damals weltberühmte Tänzerin Angela Duncan, sie änderte ihren Namen im Alter von 16 in Isadora, und ihre Schwester Elizabeth ermöglichten den Mädchen eine kostenlose Ausbildung.

Isadora Duncan hatte das klassische Ballett mit seinen starren und strengen Bewegungsabfolgen revolutioniert, indem sie barfüßig und ohne das klassische Korsett mit ausdrucksstarken Tanzbewegungen das Publikum in ihren Bann zog. Ihr »sinfonischer Ausdruckstanz« zeigte ein neues weibliches Selbstbewusstsein, das sich in freien und natürlichen Bewegungsabläufen widerspiegelte.

Ihr privates Leben war nicht weniger bewegend. Zwei ihrer Kinder verlor die Tänzerin bei einem tragischen Autounfall, das dritte verstarb ebenfalls, auch ihre Liebesbeziehungen brachten ihr kein dauerhaftes Glück. Gebrochen und dem Alkohol verfallen kam sie unter mysteriösen Umständen ums Leben: Während einer Spazierfahrt verfing sich ihr roter Schal in den Radspeichen des Sportwagens, in dem sie saß, und sie kam durch einen Genickbruch ums Leben. Ihr außergewöhnliches Leben war schließlich auch Hollywood einige filmische Biografien wert, ihr tragischer Tod durch den roten Schal wurde zum filmischen Zitat.

Adresse Schulzentrum Marienhöhe, Auf der Marienhöhe 32, 64297 Darmstadt-Marienhöhe | **ÖPNV** Straßenbahn 1, Haltestelle Marienhöhe, dem Waldweg gegenüber der Haltestelle bergauf folgen, die Heinrich-Delp-Straße überqueren und weiter auf dem Pfad | **Tipp** Wer sich dagegen mehr für die kosmischen Zusammenhänge interessiert, der besucht die Sternwarte auf der benachbarten Ludwigshöhe, Freitag ab 19.30 Uhr oder nach Vereinbarung geöffnet (Auf der Ludwigshöhe 196, Fußweg vom Parkplatz Marienhöhe).

32 Der »Erinnerungsort Liberale Synagoge«

»Mein Schlüssel hat das Haus verloren« (R. Ausländer)

In der Nacht vom 9. auf den 10. November 1938 gingen in Deutschland die Synagogen in Flammen auf, über 1.400 Gotteshäuser und Beträume brannten nieder, Tausende jüdische Geschäfte, Häuser und Friedhöfe wurden zerstört, über 400 Menschen fanden den Tod. Jene schreckliche Pogromnacht, früher oft verharmlosend als »Reichskristallnacht« abgetan, markierte den Scheitelpunkt zwischen dem seit 1933 geschürten dumpfen Hass der Nationalsozialisten gegenüber der jüdischen Bevölkerung und dem offenen Ausbruch von gewalttätiger Verfolgung. Bereits im Morgengrauen des 10. November begannen der entwürdigende Zusammentrieb und die Deportation Zehntausender deutscher Juden. Auch die Darmstädter Synagogen brannten, von der Orthodoxen Synagoge blieb nichts übrig.

Die Liberale Synagoge war am 24. Februar 1876 eingeweiht worden. »Ein Gebetshaus für alle Völker der Erde«, im offenen Geist der liberalen jüdischen Gemeinde, in der es, im Gegensatz zur orthodoxen Liturgie, Orgel, Orchester und sogar ein deutschsprachiges Gebet gab. Auch dieser Prachtbau wurde in der Schreckensnacht von den Nationalsozialisten fast völlig zerstört.

Bei Ausschachtungen für einen Anbau des Klinikums stieß man 2003 auf Überreste der ehemaligen Synagoge. Im Hinblick auf die historische Bedeutung des Fundortes sollte hier eine Gedenkstätte entstehen, die sowohl die lange Leidensgeschichte der Juden erfahrbar vermitteln als auch zur modernen Funktionalität des neuen Klinikums passen sollte. Am 9. November 2009 wurde der »Erinnerungsort Liberale Synagoge« eingeweiht, ein Bau, der gerade in seiner Schlichtheit umso eindringlicher wirkt. Eine multimediale Konzeption vermittelt zudem außergewöhnliche Einblicke in die jüdische Geschichte Darmstadts und ganz Deutschlands.

Adresse »Erinnerungsort Liberale Synagoge« auf dem Gelände des Klinikums Darmstadt, Eingang Bleichstraße 19, 64283 Darmstadt-Mitte | ÖPNV Straßenbahnen 2, 3, 4, 5, 9, Haltestelle Rheinstraße/Neckarstraße | Öffnungszeiten Mi, So 11.30–16 Uhr | Tipp Die Kunsthalle am Steubenplatz 1 ist ein architektonisch interessantes Gebäude und zeigt wechselnde Ausstellungen zeitgenössischer Kunst.

33 Die EUMETSAT

Beim Empfang wehen 31 Flaggen

Jason, der Argonaut, durchmaß einst das Ägäische Meer, JASON-2, der Satellit, vermisst die Ozeane. Seit 2008 misst er die Bewegung und Höhe der Meereswellen bis auf einen Zentimeter genau und hat mit stoischer Ruhe festgestellt, dass sich das Wasser der Erde bedenklich ausdehnt.

JASON-2 gehört zur neueren Generation von Wettersatelliten der EUMETSAT, einer Organisation von derzeit 31 Staaten, die mittels Satelliten meteorologische Daten sammelt. Die Daten kommen unter anderem von JASON-2, der mit der Ozeanüberwachung auch einen wichtigen Beitrag zum Verständnis von »El Niño« liefert. Die Satelliten der METOP-Reihe, die sich wie JASON in einer polaren Umlaufbahn bewegen, scannen die Atmosphäre in verschiedenen Spektralbereichen und liefern Daten über Temperatur, Feuchtigkeit, Staub, chemische Prozesse oder den Anteil von Aerosolen. Die fünf Modelle der METEOSAT-Reihe stehen geostationär in einer Höhe von 36.000 Kilometern über dem Äquator und übermitteln Wetterdaten und hochauflösende Fotos der Erde im Abstand von fünf respektive 15 Minuten. Ein METEOSAT der ersten Generation »hängt« über dem Indischen Ozean, er beobachtet die Entstehung von Stürmen und ist in das Tsunami-Frühwarnsystem der asiatischen Küstenanrainer eingebunden. Mittlerweile liefern drei Satelliten der neuen Sentinel-Klasse Daten über die Ozeane an EUMETSAT.

Die Wettervorhersagen macht der Deutsche Wetterdienst (DWD) in Offenbach, der mit den Daten von EUMETSAT recht zuverlässige Voraussagen über einen Zeitraum von fünf Tagen für Regionen treffen kann. Luft-, Schiffs- und Straßenverkehr, ganze Wirtschaftszweige profitieren von den Wetterdaten; Wetter machen kann EUMETSAT (leider) noch nicht!

Sind die Kraftzellen eines Satelliten »erschöpft«, lässt man ihn in einer niedrigeren Umlaufbahn restlos verglühen, oder er wird, wie die METOP-Klasse, in einer Friedhofsbahn geparkt.

Adresse Eumetsat-Allee 1, 64295 Darmstadt-West, Tel. 06151/8077, Führungen nur über www.darmstadt-marketing.de | ÖPNV ab Hauptbahnhof Busse AIR und K, Haltestelle Mina-Rees-Straße | Tipp ESOC – das Kontrollzentrum der ESA, »Europas Tor zum Weltraum«, ist nur 300 Meter entfernt, Führungen ebenfalls über www.darmstadt-marketing.de.

34_Der FAIRteiler

Der öffentliche Kühlschrank oder Teilen ist cool

In einer Zeit, in der das Bewusstsein für Lebensmittel, ihre Herstellung und ihren Wert zunehmend abhandenkommt, wird eine Beschäftigung mit diesem Thema umso aktueller. Wir leben in einer Wegwerfgesellschaft: Pro Bundesbürger werden jährlich circa 80 Kilogramm noch verzehrbarer Lebensmittel weggeworfen, dem gegenüber steht eine beträchtliche Prozentzahl arbeitsloser und hungernder Menschen.

Seit 2014 gibt es nun schon die Foodsaver-Gruppe des ASTA, der einen mit Lebensmitteln bestückten Kühlschrank und Regale im »Offenen Raum« der Technischen Universität Darmstadt für die Allgemeinheit aufgestellt hat. Das Prinzip ist einfach: Jeder, vom Studenten bis zum Obdachlosen, darf sich zu jeder Zeit bedienen. Ob Gemüse, Obst, Backwaren oder Milchprodukte – der Andrang ist groß, zwischen 300 und 400 Menschen pro Monat nutzen den öffentlichen Kühlschrank. Beliefert und bestückt wird der FAIRteiler aber auch von Privatleuten, Supermärkten, Bäckereien und Schulkantinen, die das Konzept des öffentlichen Teilens unterstützen. Doch die Foodsharing-Kultur in Darmstadt hat noch weitere Kreise gezogen: Über Internetplattformen tauschen aktive Mitglieder überschüssige Lebensmittel in virtuellen Einkaufskörben und stellen sie zum Abholen bereit.

Neben dem sozialen Aspekt des Untereinander- und Miteinanderteilens gemäß dem Motto »Teilen ist cool« geht es der Foodsharing-Gruppe vor allem auch darum, dass die Menschen wieder lernen, bewusster mit Lebensmitteln umzugehen, und über ihr Konsumverhalten nachdenken. Die meisten der mit dem Mindesthaltbarkeitsdatum (kurz MHD) versehenen Lebensmittel sind in aller Regel auch nach Ablauf durchaus essbar und müssen nicht weggeworfen werden. Der FAIRteiler hat mittlerweile so großen Zuspruch erhalten, dass zwei weitere Exemplare (in der Evangelischen Hochschule am Bahnhof und im Kaufhaus der Gelegenheiten) aufgestellt wurden.

Adresse TU »Offener Raum« des ASTA, Gebäude S 1/03, Raum 64, Hochschulstraße 1, 64289 Darmstadt-Mitte | **ÖPNV** fast alle Straßenbahnen, Haltestelle Schloss | **Öffnungszeiten** durchgehend, weitere Informationen: www.foodsharing-darmstadt.de | **Tipp** Ein wirklich tolles soziales Projekt, das man durch einen Besuch unterstützen kann, ist das Ka-Gel (Kaufhaus der Gelegenheiten), ein Secondhand-Möbelladen, der vielen suchtkranken Menschen ermöglicht, dort zu arbeiten und so ein selbstbestimmtes Leben zu führen (Pallaswiesenstraße 122).

35 Der Faselstall

Kostengünstige Nachwuchsproduktion

Ein Fasel ist – kurz gesagt – zunächst einmal ein Rind, ganz allgemein. Im engeren Sinne war damit ein »gut gebautes, erbgesundes, decktaugliches Vatertier« gemeint, also ein richtiges Prachtexemplar von einem Zuchtbullen – oder auch von einem Eber. Wir nehmen hier den Eber, auch Wutz oder Watz genannt, der passt besser in den Stall. Solch ein Fasel wurde in einem Faselstall gehalten, das nannte man Faseltierhaltung, damit alle Sauen aus dem Dorf zu ihm gebracht werden konnten, um für Nachwuchs zu sorgen.

Da nun aber in einer Gemeinde etliche Sauen lebten, gab es oft nicht nur einen Fasel, sondern ganze Faselanlagen. Der Grund für solche Einrichtungen war die Erfahrung, dass es für den einzelnen Bauern zu kostspielig war, sich ein Vatertier zu halten, das für Nachwuchs sorgen konnte; darüber hinaus musste er nicht so viele Tiere durch den Winter füttern. Was lag näher, als sich im Rotationsverfahren einen Eber zu halten, der sein kostbares Erbgut an die Sauen aller Schweinebauern weitergeben konnte? Später wurden dann Faselanlagen für Gemeindeeber gebaut. Die tüchtigen Kerle verschlangen eine Menge Kosten, also mussten die Bauern durch das sogenannte Sprung- oder Deckgeld für die Fasel aufkommen. Die traditionelle Faseltierhaltung verlor ihre Bedeutung mit dem Aufkommen der künstlichen oder instrumentellen Besamung.

Im kleinen Faselstall im Martinsviertel wurde der Stadtwatz gehalten, der Stall ist der einzige noch erhaltene Teil einer Faselanlage. Und weil der Watz hier hauste, erhielt das Martinsviertel im Volksmund den Beinamen Watzeverdel – Schweineviertel, so die offizielle Lesart. Heute schmücken Anwohner den alten Stall mit wechselnden Installationen: So hat sich eine Künstlerin des Viertels für eine Vernissage à la Pink entschieden. Es lohnt sich also, ab und an hier vorbeizukommen und zu schauen, ob es im alten Faselstall etwas Neues gibt.

Adresse Arheilger Straße 43, 64289 Darmstadt-Martinsviertel | ÖPNV Bus L, Haltestelle Heinheimer Straße | Tipp So richtig die Sau rauslassen im Watzeverdel und zechen bis ein Uhr in der Früh kann man in der Fußballkneipe »Bangertseck«, Barkhausstraße 2, Mo–Sa 9–1 Uhr, So 10–15 Uhr.

36 Die Fassadenmalerei

Intime Einblicke à la Fenstertheater

Das Martinsviertel ist seit Beginn des 20. Jahrhunderts ein sehr lebendiges und mittlerweile auch multikulturelles Viertel. Wo einst die bäuerliche Bevölkerung ihre Säue durch die Gassen trieb, bevölkern heute Jung und Alt, Singles und Familien, Akademiker und Arbeiter das »Watzeverdel«. Diese Vielfalt spiegelt sich auch im gastronomischen, kulturellen und architektonischen Stadtbild wider. Neben Kneipen, Restaurants und bunten Läden, engen Gassen mit Kopfsteinpflaster, schmucken, da restaurierten Renaissance- und Jugendstilhäusern verbreiten vor allem die in die Jahre gekommenen Mehrfamilienhäuser einen »diskreten Charme« mit ihren kleinen und versteckten Innenhöfen, die für den Besucher oft Überraschungen bereithalten.

Genau um eine solche handelt es sich bei dem mehrstöckigen Haus in der Liebfrauenstraße 41. Über die komplette seitliche Außenwand des Hauses erstreckt sich sein Innenleben in Form eines Freskos: sechs Reihen von kleinen, identisch aussehenden Räumen, die an einen Setzkasten erinnern und doch so voller intimer Einblicke sind. Jedes Zimmer erzählt seine eigene Geschichte – nämlich die seines Bewohners. Fast schon voyeuristisch – wie die auf der Plattform stehende Familie – nimmt man Anteil an dem Geschehen in den einzelnen Räumen – ob nun die Yogameisterin, der verzweifelt an die Wand Gelehnte oder das kleine traurige Mädchen, jeder Bewohner gibt etwas Persönliches preis.

Gemalt wurde das Ganze von vier Künstlern im Jahr 1983 und entspricht dem Konzept »Kunst am Bau«, für das Darmstadt seit Anfang der 90er Jahre als einzige Kommune Deutschlands Richtlinien erlassen hat. Diese sehen vor, dass insbesondere die uniform-funktionalen Betonkolosse der Nachkriegsarchitektur mittels Kunst am Bau verschönert werden sollen. Kunst sollte darüber hinaus neben ihrer rein ästhetischen Funktion auch immer zum Nachdenken anregen.

Adresse Liebfrauenstraße 41, 64289 Darmstadt-Martinsviertel | ÖPNV Bus L, Haltestelle Heinheimer Straße | Tipp Wer den eigenen vier Wänden entfliehen möchte und Lust auf Austausch, Kommunikation und Interaktion mit kreativen Menschen hat, besucht das »Zucker«, den Veranstaltungsort, an dem sich auch das kultige P-Stadtmagazin zur Redaktionssitzung trifft (Liebfrauenstraße 66).

37 Die Flohkapsel

Schöner Schein und kurioses Sein beim Adel

Die Sammlung befindet sich seit 1965 in den herrschaftlichen Räumen des Schlosses, wenn auch die Besucherzahlen den Wert der hier gezeigten Exponate nicht immer widerspiegeln. Die zahlreichen Gemälde, Möbel, Schmuck- und Gebrauchsgegenstände, die in nach Epochen eingerichteten Räumen präsentiert werden, geben interessante Einblicke in die Lebenswelt der Darmstädter Landgrafen und enthüllen dabei die eine oder andere Intimität und Skurrilität.

Dass das Zeitalter des Barocks häufig mehr Schein als Sein war, belegt die Körper- und Hygieneauffassung des damaligen Adels. Mehrmaliger Kleiderwechsel und stundenlanges Ausharren für die kunstvoll arrangierte Frisur waren an der Tagesordnung, dagegen waren das tägliche Putzen der Zähne und das Waschen des Körpers verpönt und galten als gefährlich, glaubte man doch, Wasser würde die Hautporen aufweichen und Bakterien freien Zugang zum Körper gewähren. Die Vorstellung vom Bleichen der Haut mittels des ätzenden Bleiweißes und Quecksilbers, die neben der vornehmen Blässe auch eine Mondkraterlandschaft auf dem Gesicht hinterließen, oder der Anblick kleiner Flohkapseln, die die ehrenhaften Damen im Dekolleté trugen, wirken auf den heutigen Besucher ebenfalls befremdlich. Auch über die »verfeinerten« Tischsitten des hohen Adels kann man sich nur wundern: Gläser mit integrierten Glocken mögen eine interessante und innovative Idee sein, die Scherzgläser dagegen sind schon ein Kuriosum für sich und sorgten in jeder Tischgesellschaft für Auflockerung und wahre Lachsalven. Mit zwei Öffnungen erschwerten sie das Trinken und bescherten besonders ungeschickten Trinkern Flecken auf der Kleidung.

Ob beheizte Keramikhocker für die edlen Damen, Westenknopfkameras für das heimliche Knipsen oder die Haarsträhne der russischen Zarin Ella, vor der einige Besucher aus Russland ehrfürchtig auf die Knie fallen – die Museumssammlung hat so einiges zu bieten.

Adresse Residenzschloss, Marktplatz 15, 64283 Darmstadt-Mitte | **ÖPNV** fast alle Straßenbahnen, Haltestelle Schloss | **Öffnungszeiten** Fr–So 10–17 | **Tipp** Das Glockenspiel brachte Ludwig VI. (1630–1678) von seiner Kavaliersreise aus Amsterdam mit. Es gehört deutschlandweit zu den ältesten Glockenspielen und überrascht zur vollen Stunde mit wechselnden klassischen Melodien.

38 Das »Forest-Haus«

Naturmetamorphosen

Ein zeltartiges Ei aus Birkenrinde, in das der staunende Besucher sich hineinsetzen und sicher und geborgen als Teil der Natur empfinden kann – der Künstler Tim Norris hat sein Werk »Habitat« genannt, und um einen ganz besonderen Lebensraum handelt es sich hier auch.

Den Wald und die Natur aus einem anderen Blickwinkel zu sehen, sie ganzheitlich wahrzunehmen und zu erleben, das ermöglichen die im Bessunger Wald aufgestellten Waldkunstwerke. Unter dem Motto »Die künstlerische Auseinandersetzung mit dem Naturstandort Wald« finden die Internationalen Waldkunstpfade seit 2002 alle zwei Jahre auf einem 3,3 Kilometer langen Waldweg vom Böllenfalltor bis zur Ludwigshöhe statt. Das Freilichtmuseum, das auf Initiative des Vereins der internationalen Waldkunst e. V. und des Forstamtes entstand, ist in dieser Form weltweit einzigartig und hat bereits internationale Bekanntheit erlangt und Nachahmer gefunden (Wisconsin, USA).

Drei Wochen lang arbeiten internationale Künstler an selbst gewählten Plätzen des Waldes entsprechend dem jeweils vorgegebenen Thema wie beispielsweise »Kreisläufe und Systeme« und erschaffen hier ihre Naturkunstwerke, die wie der Baumstamm mit Korallenriff beinahe schon surreal anmuten. Während dieser Zeit können Besucher den Künstlern über die Schultern schauen und an den (fachkundigen) Diskussionen zwischen Künstlern und Wissenschaftlern, die nebenher stattfinden, teilnehmen. Einige der Werke verbleiben als dauerhafte Installationen im Wald wie das »Forest House«, ein aus Ästen und Zweigen gefertigtes Haus, das das Herz eines jeden Märchenliebhabers höherschlagen lässt, oder das »Luftschloss«, ein leeres, nach unten hin offenes Haus, das an einem Baum hängt, frei von Funktion fungiert es als Rückzugsort für die Seele.

Im Zeitalter der stetig wachsenden Umweltverschmutzung, des Raubbaus an der Natur, kann auch Kunst den Menschen zum Nachdenken anregen.

Adresse 64285 Darmstadt-Ludwigshöhe | **ÖPNV** Straßenbahnen 2 und 9, Haltestelle Böllenfalltor, von dort die Nieder-Ramstädter Straße weiter bis zum Restaurant »Bölle«, dort den Berg empor zur Ludwigshöhe | **Tipp** Das Internationale Waldkunst Zentrum (IWZ) ist weltweit einzigartig. Es dient als Ausstellungsort mit originellen Kunstwerken, Archiv und Anlaufstelle für alle, die sich für die Natur und Kunst interessieren (Ludwigshöhstraße 137).

39 Das Forsthaus Kalkofen

Vom Ziegelbrennen zum Biertrinken

Von all den Darmstädter Ziegeleien, die über der schmalen Kalkader von der Stadt bis in den Norden nach Arheilgen standen, sind nur zwei übrig geblieben: die Ziegelhütte in der Kranichsteiner Straße, die heute ein Künstlerhaus ist, und das Alte Forsthaus Kalkofen am Kalkofenweg, auf der Gemarkung östlich von Arheilgen.

Landgraf Ludwig wollte das große Gebiet vertriebenen Waldensern zur Besiedlung anbieten. Jedoch eignete sich der karge Sandboden nicht gut zur Landwirtschaft, vielleicht wollten die Arheilger sie auch nicht als Nachbarn, denn den Waldensern wurde bereits seit Jahrhunderten nachgesagt, als Hexen und Zauberer einen Pakt mit dem Teufel zu haben. Und so zogen die Waldenser weiter; zum Glück für Ludwig, denn nun konnte er eine Ziegelei mit einem Kalkofen auf dem Acker errichten und weiterhin fleißig seine Schlösschen bauen lassen. Schon im Mittelalter hatten die Arheilger den wertvollen Baustoff Kalk für den Häuserbau gewonnen. Auch war es vielerorts Brauch, vor großen christlichen Festen wie Ostern den Häusern einen frischen Kalkanstrich zu verleihen. Vom Kalkofen in der Kalkbrennerei erhielt auch die nebenan eingerichtete Oberförsterei Kalkofen ihren Namen; sie erlebte ihre Hochzeit natürlich im 18. Jahrhundert unter den Jagdlandgrafen und deren bizarren Events der Parforcejagd.

1763 stellte Ludwig VIII. eine Dragonergarde auf, als Schutzpolizei für reisende Kaufleute gegenüber allerlei marodierendem »Gesindel« aus dem Siebenjährigen Krieg. Die Dragoner waren in Arheilgen und Kranichstein stationiert und fanden auf dem Gelände einen idealen Übungsplatz.

Die Bedeutung der Oberförsterei am Kalkofen nahm stetig ab, dafür entwickelte sich das »Haus« zu einem idyllisch gelegenen, urgemütlichen Ausflugslokal mit Biergarten, Fischteich, umherstolzierenden Pfauen und Goldfasanen, einem weitläufigen Wildgehege, Waschbären und einer großen Voliere.

Adresse Zum Alten Forsthaus Kalkofen, Kalkofenweg 90, 64291 Darmstadt-Arheilgen, Tel. 06151/371480 | Anfahrt von Arheilgen, Kettenwiesenstraße, den Hinweisschildern folgen | Öffnungszeiten Gartenlokal: Mo–Fr 15–1 Uhr, Sa 12.30–1 Uhr, So und Feiertage 9.30–1 Uhr; Schwenkgrill: So und Feiertage 11.30–19.30 Uhr; Cocktailbar: So und Feiertage 11–21 Uhr | Tipp Der »Bauernladen Benz« hat nachhaltige regionale Produkte in den Regalen seines Bio-Hofladens, Obere Mühlstraße 91 (ist ausgeschildert).

40 Das Frankensteiner Eselslehen

Schandreiten auf dem Strafesel

Die Burg Frankenstein ist, spätestens seit sie mit Mary Shelleys Monster »Frankenstein« auftrumpfen konnte, ein sagenumwobener Ort und heutzutage besonders wegen ihrer Halloweenfestivitäten geschätzt. Das seit den 70er Jahren von den in der Region stationierten GIs im Herbst gefeierte Halloween zählt mittlerweile zu den größten Veranstaltungen dieser Art bundesweit.

Eine nur wenigen bekannte Kuriosität ist das Eselslehen, mit dem sich die Herrschaften von Frankenstein wohl einen Teil ihres Unterhalts sicherten. Es gab einmal Zeiten, da lebten nämlich garstige, gar böse Weibsbilder in Darmstadt und Umgebung, wo sie ihr Unwesen trieben und ihre Mannen regelrecht verprügelten – so zumindest eine verbürgte Sage. (In Wahrheit war es Männern durchaus erlaubt, ihr Weib zu vermöbeln, Frauen dagegen mussten mit einer drakonischen Strafe rechnen.) Die armen Männer wussten sich nicht anders zu helfen, als die Herren von Frankenstein um Beistand zu ersuchen, denn diese waren für die niedere Gerichtsbarkeit zuständig. Der Beistand erfolgte in Form eines Esels, auf dem die abtrünnige Ehefrau entweder mit Geleit oder von dem Ehegatten höchstpersönlich durch die Stadt reitend den Menschen vorgeführt wurde. Diese Form der öffentlichen Zurschaustellung gehört zu den frühen Schand- und Ehrenstrafen und wurde zuletzt in dieser Form im 17. Jahrhundert als Strafe verhängt. Die Ehefrau verlor somit ihr gesellschaftliches Ansehen und ihre bürgerlichen Rechte, sie galt als nicht mehr ehrbar.

Die Darmstädter Mannen sollen es leider nicht so genau mit der Bezahlung genommen haben und den Frankensteinern noch etliche 100 Malter Korn schuldig geblieben sein. Diese scheinen mittlerweile ihren Frieden gefunden zu haben; in der Kapelle auf der Burg, wo sich einige ihrer Grabplatten befinden, spuken nur noch die verkleideten und bezahlten Hausgeister!

Adresse Burg Frankenstein, 64367 Mühltal | Anfahrt A 3 Abfahrt Darmstadt-Eberstadt, B 426 Richtung Nieder-Beerbach, Abzweigung Burg Frankenstein rechts | Öffnungszeiten täglich 9 Uhr–Sonnenuntergang | Tipp Besonders sehenswert ist der Grenzstein an der Nordwand der Burgkapelle mit der Darstellung einer Hippe (Rebmesser), der sehr selten ist.

41 Die frivolen Reliefs

»Orgiastische« Tänze unter Satyrn und Zentauren

Hoppla, bereits im Eingangsbereich präsentiert sich das Jugendstilbad dem Besucher als ein Ort des Vergnügens und des Genusses. Auf rechteckigen Tonplatten (nach Entwürfen von Heinrich Jobst) fordern bocksbeinige und wollüstige Satyrn ihr weibliches Pendant zum Tänzchen auf, und Zentauren mit Pferdekörpern vergnügen sich ihrerseits mit puttenartigen Jünglingen. Der frivol-erotische Aspekt ist unverkennbar, und das in einer öffentlichen Badeanstalt zu Beginn des 19. Jahrhunderts!

Nach außen hin, entsprechend den Bauplänen August Buxbaums, ist das Bad ein streng symmetrischer und schlichter Bau. Dem Anstand und der Etikette jener Zeit geschuldet ist auch die strikte Geschlechtertrennung: ein Badebereich für Männer und einer für Frauen. Sei es, wie es ist: Die Darmstädter konnten kaum glücklicher sein, als 1909 das Zentralbad feierlich eröffnet und kurzerhand zum schönsten und modernsten Bad (auch für den Vierbeiner war dank Hundebad gesorgt!) Darmstadts erklärt wurde. Bis dahin gab es nur den Großen Woog und kleinere private Badeeinrichtungen, da Baden noch etwas höchst Exklusives war.

Heute erstrahlt das Zentralbad wieder in seinem alten Glanz, ein technisch hochmodernes Wellnessbad mit historischem Ambiente. Ein Vorzeigeobjekt mit überregionaler Bedeutung, nicht zuletzt dank hervorragender denkmalgerechter Sanierung. 2009 gab es sogar zum 100-jährigen Jubiläum den Hessischen Denkmalpreis. Bis zur umfangreichen Restaurierung fristete das Bad schon beinahe ein Schattendasein. Nüchtern und kalt war das äußere und innere Erscheinungsbild, jeglicher farbliche und ornamentale Schmuck lag unter dicken Schichten weißer Lackfarbe versteckt. Flaniert man dagegen heute durch die farblich kontrastreich bemalten Räume, die zudem mit einer reichen Ornamentik und exklusiven Terrazzofußböden geschmückt sind, so glaubt man sich in einer antiken Badeanlage.

Adresse Jugendstilbad, Mercksplatz 1, 64287 Darmstadt-Mitte | **ÖPNV** Busse K55 und K85, Haltestelle Jugendstilbad | **Öffnungszeiten** täglich 10–22 Uhr | **Tipp** Einen Hauch Nostalgie und klassische Eiskreationen gibt es im »Eis-Café Roth«, Landgraf-Georg-Straße 5.

42 Der Fürstenbahnhof

Exklusive »Absteige«

Zugegeben, am zweitgrößten Bahnhof Hessens, mit circa 220 Zugbewegungen und strömenden Menschenmassen von etwa 35.000 Pendlern täglich, können der Sinn und das Auge für die kleinen Besonderheiten – und das an einem Bahnhof wohlgemerkt – schon mal verloren gehen. Kaum einer der vorbeilaufenden Passanten weiß wohl, dass er an dem links vom Hauptgebäude gelegenen Bau eine höchst exklusive Haltestelle vor sich hat. Trotz gastronomischer Bemühungen – zurzeit ist hier ein kleines mediterranes Bar-Lounge-Restaurant untergebracht – ist nicht mehr viel vom ursprünglichen Glanz vergangener Tage zu spüren.

Es handelt sich um den ehemaligen Fürstenbahnhof, der, wie es der Name und das Wappen an der Fassade bereits erahnen lassen, die private Haltestelle der großherzoglichen Familie seit 1912 war. Neben hohem Staatsbesuch galt es hier die Mitglieder der europäischen Fürstenhäuser samt ihrer Entourage zu empfangen: Als Enkel Queen Victorias von England, Cousin Kaiser Wilhelms II. oder Schwager des russischen Zaren musste Großherzog Ernst Ludwig stets auf einen standesgemäßen Empfang und eine angemessene Verabschiedung seiner Reisegäste achten, die von hohem Rang und Adel waren. Abgeschottet vom restlichen Publikumsverkehr, wie es das Protokoll verlangte, konnten sie auf Gleis 1 gleich hinter dem Fürstenbahnhof eintreffen und in der gesonderten Empfangshalle ihrem Stand entsprechend begrüßt werden. Und auch heute noch besitzt Gleis 1 einen Sonderstatus und wird nur von Sonderzügen mit VIPs oder zu besonderen Anlässen angesteuert.

Übrigens galt der gesamte heute unter Denkmalschutz stehende Bahnhofskomplex, der von Friedrich Pützer, Fritz Klingholz und Friedrich Mettegang zwischen 1907 und 1912 errichtet wurde, zu Beginn des 20. Jahrhunderts als Meisterwerk in technischer und gestalterischer Hinsicht. Er löste die beiden getrennten Vorgängerbahnhöfe am heutigen Steubenplatz ab.

Adresse Platz der Deutschen Einheit, 64293 Darmstadt-Mitte | **ÖPNV** Straßenbahnen 1, 2, 3, 5, Haltestelle Hauptbahnhof | **Tipp** Sehenswert ist die Rotunde (tolle Akustik!) im Verbindungsbau sowie der gesamte Jugendstil-Bahnhofskomplex, der im Rahmen von ausgewählten Führungen besichtigt werden kann (Info unter www.darmstadt-tourismus.de).

43 Die Fürstengruft

Memento mori in der Kirchenunterwelt

Im Herzen der lebendigen Stadt, umgeben von Geschäften, Gaststätten und Cafés, thront die Darmstädter Stadtkirche, und unter ihr schlummert die kirchliche Unterwelt: nämlich die Gruft der Darmstädter Fürstendynastie und der ehemalige Friedhof. Kaum einem der vorbeieilenden Passanten ist wohl bewusst, dass er hier auf geweihtem und heiligem Boden, einer menschlichen Ruhestätte, herumtrampelt.

Noch bevor Darmstadt 1330 durch Kaiser Ludwig den Bayer das Stadtrecht bekam, befand sich an dieser Stelle bereits die kleine Marienkapelle, die nach der Erlangung des Stadtrechtes gegen Ende des 14. Jahrhunderts zur eigenständigen Stadtpfarrkirche wurde. Im Zuge der Reformation und der Herrschaft Georgs I. erhielt die Kirche ihre Funktion als evangelische Zentralkirche Darmstadts (zentral ist die Kirche bis heute, hier liegt der Trigonometrische Punkt, das heißt, alle Entfernungen werden ab dem Standort des Kirchturms gemessen). Aus dieser Zeit ist einiges an Bausubstanz erhalten, unter anderem der Chorbereich mit dem sehenswerten Epitaph und die Fürstengruft, in der neben Georg I. und seinen beiden Ehefrauen 14 weitere Landgrafen und -gräfinnen, Prinzessinnen und Prinzen und zwei Herzen, die in sogenannten Herzkapseln aus Messing von der Decke hängen, begraben sind. Das stuckverzierte Tonnengewölbe präsentiert ein reich gestaltetes Bildprogramm mit Todes- und Auferstehungssymbolik, ob Jüngstes Gericht, Grablegung, Auferstehung oder der Knochenmann mit Schlange und Apfel als Vanitassymbol – dem Besucher wird auf anschauliche Weise seine eigene Vergänglichkeit und Sterblichkeit vor Augen geführt, aber auch die Hoffnung auf ein Leben im Jenseits in Aussicht gestellt.

Im Rahmen von Führungen ist die Fürstengruft der Öffentlichkeit zugänglich, wer weiterer Dynastiemitglieder gedenken möchte, kann die Rosenhöhe besichtigen, hier liegen nämlich alle Großherzöge Darmstadts begraben.

Adresse An der Stadtkirche 1, 64283 Darmstadt-Mitte | ÖPNV fast alle Straßenbahnen, Haltestelle Schloss | Öffnungszeiten nur an bestimmten Tagen im Jahr zu besichtigen | Tipp In der Nähe befindet sich ein uriges, traditionsreiches Restaurant, wie es sie so in Darmstadt nicht mehr oft gibt (»Die Sitte«, Karlstraße 15).

44_Der Galgenberg

Eine Hinrichtungsstätte im Park

Der auf einem kleinen Hügel an der Karlstraße versteckte Park am Rande von Bessungen, an dem die meisten Menschen einfach vorbeifahren, wird in den Sommermonaten vor allem von jungen Familien mit Kindern geschätzt. Bei sommerlichen Temperaturen bietet der kleine Spielplatz mit Wasserspielen eine willkommene Abkühlung; liegt Schnee, wird der kleine Hügel gern als Rodelbahn genutzt. Aber auch Spaziergänger, die nach einem lauschigen Plätzchen suchen, um ein Buch inmitten schattenspendender Bäume zu genießen, finden hier ihre Ruhe, denn wirklich hoch frequentiert ist diese Parkanlage nicht.

Doch so friedlich und idyllisch war es hier nicht immer. Als Bessungen und Darmstadt noch einen gemeinsamen Gerichtsbezirk, die Zent, bildeten, befand sich hier der Galgen, weshalb dieser Ort auch den Namen Galgenberg trug. Die Zahl der Gehängten ließ sich nicht ermitteln, jedoch war der grauselige locus operandi an der Stelle des Parks, an der heute ein niedliches Teehäuschen im Biedermeierstil steht. Noch 1814 wurden hier die gefürchteten »Odenwald-Räuber« hingerichtet: die Hauptmänner Johann Adam Grasmann und Johann Adam Heusner nebst drei ihrer Gesellen. Am 5. November 1814 wurde auf dem Marktplatz vom »Blutgericht« die Strafe verkündet: Tod durch Enthaupten beziehungsweise Erhängen! Die Delinquenten, in weiße Leinenkutten gekleidet, wurden zum Galgenberg gekarrt, begleitet von Militär und vielen Schaulustigen, und dort in Volksfeststimmung hingerichtet.

Der heutige Name geht auf den jüdischen Bankier und Politiker Otto Wolfskehl zurück, der in diesem Park 1896 eine Gründerzeitvilla bauen ließ, von der leider nichts mehr erhalten ist. Heute steht neben dem Teehäuschen eine moderne Waldorf-Kita – die Zeiten ändern sich! Aber auf der Ostseite, hinter einer alten Stahltür, führt eine Treppe nach unten. Manche glauben, diese Treppe führe tief hinunter zu den alten Gebeinen!

Adresse Wolfskehl'scher Garten, Karlstraße 75, 64285 Darmstadt-Bessungen | **ÖPNV** Straßenbahn 3, Haltestelle Goethestraße | **Tipp** Gegenüber dem Park, bei »Pino's«, kann man leckere Pasta, Pizza und Vino genießen (Karlstraße 96).

45_Der Gedenkstein der Prinzessin

… und die sieben Zwerge trauern

»Das können wir nicht in die schwarze Erde versenken«, und die sieben Zwerge ließen einen gläsernen Sarg anfertigen, damit jeder das wunderschöne Schneewittchen bewundern konnte, setzten den Sarg auf einen Berg und bewachten ihn Tag und Nacht.

So unvergessen wie einst Schneewittchen sollte auch Prinzessin Elisabeth bleiben. Wie beliebt dieses kleine Mädchen bei den Darmstädtern gewesen sein muss, davon zeugt dieser Gedenkstein, der eine Stiftung von 10.000 Darmstädter Kindern war. Eine riesige Menschenmenge fand sich zur Enthüllung am 25. Oktober 1905 ein, kaum weniger Mitfühlende hatten sich dem Trauerzug anlässlich der Beisetzung auf der Rosenhöhe am 19. November 1903 angeschlossen.

Prinzessin Elisabeth war das einzige Kind des letzten regierenden Großherzogs Ernst Ludwig von Hessen und bei Rhein und seiner Frau Victoria Melita von Sachsen-Coburg und Gotha, die später in Ungnade fiel (siehe Ort 76). Nach der Scheidung des Paares, was in der damaligen Zeit für einen Eklat in Adelskreisen sorgte, blieb Elisabeth bei ihrem Vater, der seine Tochter abgöttisch liebte und ihr jeden Wunsch von den Augen ablas – er ließ ihr sogar ein lebensgroßes Spielhaus im Schloss Wolfsgarten bei Langen bauen, ein einzigartiges Beispiel seiner Art in Deutschland. Das väterliche Glück nahm ein tragisches Ende, als Prinzessin Elisabeth mit ihrem Vater und dem Zarenpaar Nikolaus II. und Alexandra im heutigen Polen einen Jagdausflug unternahm und lebensgefährlich an Typhus erkrankte. Kurze Zeit später verstarb sie am 16. November 1903 im Alter von nur acht Jahren.

Das Relief mit den trauernden Zwergen und Schneewittchen sowie das Medaillon der Prinzessin fertigte der Darmstädter Bildhauer Ludwig Habich an. Beide sind zwar bereits arg verwittert und von vielen trauernden Kinderhänden abgegriffen, aber noch ist der gläserne Sarg mit Elisabeth im Zauberberg gut zu erkennen.

Adresse Herrngarten, 64283 Darmstadt-Mitte, hinter dem Landesmuseum | **ÖPNV** fast alle Straßenbahnen, Haltestelle Schloss | **Tipp** Das etwas versteckte Grabmal der Landgräfin Caroline wurde von Friedrich dem Großen, der dem weiblichen Geschlecht sonst skeptisch gegenüberstand, als Ausdruck höchster Wertschätzung gestiftet. Nachts soll es hier übrigens spuken.

46 Die Gichtmauer

Von der Kraft des »Aussitzens«

Wo heute die Fasanerie zu ausgedehnten Spaziergängen einlädt, war früher der Stadtwald. Der war in weiten Teilen öffentlich, Bauern und Bürger konnten den Wald nutzen. Sie durften ihr Vieh auf den Lichtungen weiden, ihre Schweine zur Eckernmast unter die Bäume treiben und Holz schlagen. Der Wald war eine lebenswichtige Ressource, war doch der Dreißigjährige Krieg gerade vorbei, das Land war geschunden, und die Menschen darbten.

Landgräfin Sophie Eleonore setzte sich 1649 in den Kopf, ausgerechnet in diesem Wald einen Lust- und Tiergarten zu ihrem privaten Vergnügen einzurichten. Die Bürger fühlten sich provoziert – nur wegen einer landgräflichen Schrulle konnten und wollten sie auf die Nutzung des öffentlichen Waldes nicht verzichten. Sophie Eleonore ignorierte jedoch halsstarrig die Bedürfnisse ihrer »Schutzbefohlenen« und ließ kurzerhand einen Zaun um einen großen Teil des Waldes ziehen. Nur der kleinere Teil verblieb den Darmstädtern.

Auch der neue Landgraf Ludwig VI. machte kein Hehl aus seiner Vorliebe für den Tiergarten, Versprechen wurden gebrochen, und wie zum Hohn ließ er den Zaun durch eine Steinmauer verstärken. Nach vielen Jahren verzichteten die Städter auf das Waldstück; sie konnten es ohnehin nicht mehr nutzen, da die Schweine der landgräflichen Familie bereits zu großen Flurschaden angerichtet hatten.

Die unter Denkmalschutz stehende heutige Fasaneriemauer – im Volksmund auch »Gichtmauer« genannt – dient nun aber doch noch einem guten Zweck: Der Weg entlang der 1.000 Meter langen Mauer ist für viele Spaziergänger zur Flaniermeile in der warmen Nachmittagssonne geworden, und bei akuten Gichtanfällen ist auf einer der zahlreichen Bänke an der Mauer bestimmt noch ein Platz frei, auf dem man die Wärme spüren kann, die die Mauersteine abgeben. Aber auch ohne Gicht kann man dort die Sonne genießen und mit freundlichen Banknachbarn plaudern!

Adresse An der Fasaneriemauer, 64287 Darmstadt-Ost | **ÖPNV** Busse F und U, Haltestelle Fasanerie | **Tipp** Nach dem langen Sitzen ist das Ausflugslokal »Oberwaldhaus« am Steinbrücker Teich, mit Bootsverleih, Minigolfbahn, Ponyhof und deftiger Küche, das ideale Ziel für Familienausflüge und beliebter Treffpunkt für Fans des Schiffsmodellbaus; Dieburger Straße 257.

47 Die Goldene Krone

»Tradition ist Zukunft«

Wer über Darmstadt erzählen will, kommt an der legendären »Goldenen Krone« nicht vorbei: eine Kneipe, eine Institution, ohne die Darmstadt nicht der »Mittelpunkt Europas wäre«. 1656 erbaut, Gasthaus und Brauerei seit 1681, hat sie wie durch ein Wunder als einziges Gebäude der Altstadt die Brandnacht vom 11./12. September 1944 fast unbeschadet überstanden.

Eine Einkehr für die »gehobenen Schichten« war die Krone nie, die Heinerstatue, der Tagelöhner, steht hier richtig. Sie war zwischenzeitig Bürogebäude, Amerika-Haus und wieder Gasthaus, bis 1975 ein paar Visionäre die Idee hatten, das Haus zum ersten »Multimediahaus« Hessens umzubauen. Die Sternstunden der Krone begannen. Hier traf sich, wer dem großbürgerlichen Mief entfliehen wollte, ein wahrlich buntes Volk! Fast täglich geöffnet, für jeden gab es etwas: Blues, Rock, Disco, Konzertbühne, Räume, in denen irgendjemand Musik machte, eine Kneipe (Koppweh nach der Plörre war normal), einen Fernsehraum, zum Quatschen gab's auch einen Raum. Bald hatte die Krone dem »Sinkkasten« und der »Batschkapp« in Frankfurt den Rang abgelaufen. Wenn am Wochenende abends in Frankfurt nichts los war, in der Krone gab's bestimmt Liveacts! Nur ein paar der hier aufgetretenen Bands und Künstler seien genannt: die Pretty Things, Nina Hagen (als sie noch Rock röhrte), Mick Taylor, Eric Burdon, die Wailers (Bob Marley!), Nena, BAP und viele mehr. Und am Flipper konnte man bis zum Morgengrauen der pinball wizard sein!

Auch der jetzige Inhaber macht in diesem Geist weiter, gegen den aseptischen Mainstream, immer noch ein bisschen chaotisch und schmuddelig, das macht das Haus noch liebenswerter als zuvor! Neu ist die am Kicker ausgetragene Stadtmeisterschaft, auch legt ein DJ regelmäßig auf. Und solange über dem Eingang die »Mona Lisa von Darmstadt« bekifft strahlt, steht die Krone noch, lebt und bebt!

Adresse Schustergasse 18, 64283 Darmstadt-Mitte | **ÖPNV** fast alle Straßenbahnen, Haltestelle Schloss | **Öffnungszeiten** Mo–Fr 13–18 und 19–2 Uhr, Do 19–4 Uhr, Fr, Sa 19–5 Uhr | **Tipp** Wem es in der »Krone« beim Essen zu turbulent zugeht, dem sei die spanische Tapas-Bar »El Cid« um die Ecke empfohlen (Landgraf-Georg-Straße 19).

48 Das Grab der Charlotte Heidenreich

Vorreiterin in der Geburtshilfe

Die Zahl der Frauen, die im 18. Jahrhundert an deutschen Universitäten studierten, lässt sich an zwei Händen abzählen. Dass sie durchaus das Zeug dazu hatten, beweist eine von ihnen, nämlich Charlotte Heidenreich von Siebold (1788–1859) – eine Darmstädterin! Sie gilt als eine der ersten deutschen Frauenärztinnen, dazu noch eine von Rang und Namen, immerhin wurde sie an einige deutsche Fürstenhöfe gerufen und half unter anderem 1819 der Herzogin von Kent, die spätere Queen Victoria zur Welt zu bringen.

Bereits als junges Mädchen zeigte sie nicht nur großes Interesse, sondern auch Sachverstand in den Bereichen Anatomie und Physiognomie. Die theoretische Unterweisung erhielt sie von ihrem Stiefvater Damian von Siebold (Darmstädter Arzt), den praktischen Teil übernahm ihre Mutter, die ebenfalls Medizin studiert hatte, indem sie den Vorlesungen hinter einem Vorhang folgen durfte, und der später dann doch noch die Ehrendoktorwürde zuerkannt wurde. Ihre Tochter Charlotte war noch ehrgeiziger und couragierter; sie wagte es, vor dem in der Praxis so gängigen Umgang mit der Geburtszange zu warnen, schrieb ihre Promotion über die Bauchhöhlenschwangerschaft und wurde so zur »Doktorin der Geburtshilfe« – sehr zum Missfallen ihres ehemaligen Lehrers, dem die junge Frau von Anfang an zu unkonventionell war.

Trotz ihres weit über Deutschland hinausgehenden Rufs war sich Charlotte nicht zu schade für die Arbeit in der elterlichen Entbindungsanstalt. Dort galt ihre ganze Fürsorge den armen Frauen und Wöchnerinnen, die als werdende Mütter in der damaligen Zeit die allergrößte Not litten.

Die Stadt Darmstadt hat dem menschenfreundlichen Wirken dieser außergewöhnlichen Frau gedacht und eine Stiftung für Wohltätigkeitszwecke mit ihrem Namen ins Leben gerufen sowie eine Straße nach ihr benannt.

Adresse Alter Friedhof, Herdweg 105, 64285 Darmstadt-Mitte, Parzelle IA (am Hauptweg gleich auf der linken Seite) | **ÖPNV** Straßenbahnen 2 und 9, Haltestelle Herdweg | **Öffnungszeiten** Sommer 7–20 Uhr, Winter 7–17 Uhr | **Tipp** Eine große Auswahl an spanisch-portugiesischen Tapas bietet die Taverna »Terras del Rey«, Nieder-Ramstädter Straße 69.

49__Das Grab von Luise Büchner

Verkannte Wegbereiterin der Frauenemanzipation

Als kleine Schwester von großen Brüdern hat man es bekanntlich nicht immer leicht. Auch für Luise Büchner (1821–1877) als Schwester von Georg Büchner, dem Dichter und Revolutionär, dem Arzt Ludwig Büchner, dem Juristen und Komparatisten Alexander Büchner und dem Apotheker und erfolgreichen Ultramarin-Erfinder Wilhelm Büchner hing die akademische Messlatte von Anfang an recht hoch. Dennoch hat die Autodidaktin in einer Zeit, in der dem weiblichen Geschlecht der Weg zur höheren Bildung versagt war, fast schon Geschichte geschrieben, indem sie einige Steine auf dem Wege zur Frauenemanzipation ins Rollen gebracht hat.

Ihr Werk »Frauen und ihr Beruf«, das 1855 zunächst anonym erschien und eine Forderung nach einer Berufsausbildung von Mädchen zum Thema hatte, markiert ebenso wie die Gründung von Frauenvereinen einen wichtigen Schritt auf diesem Wege. Ihre Verbündete und Mitstreiterin war keine Geringere als die Großherzogin Alice von Hessen-Darmstadt, die wie Luise ein Recht für Frauen auf Bildung und vor allem auch berufliche Ausbildung forderte. Den Worten sollten bald Taten folgen: Die Schwestern im Geiste gründeten den Alice-Verein für Krankenpflege, der trotz anfänglicher Kritik bald schon großen Zulauf bei der weiblichen Bevölkerung fand. Die Pflege von Kranken und Verwundeten sollte nicht mehr länger karitativ ausgeführt werden, Frauen sollten für ihre Arbeit bezahlt werden, und mehr noch, sie sollten die Möglichkeit haben, in diesem Beruf ausgebildet zu werden.

Respekt zollen und eine große Portion Achtung erweisen vor den Leistungen dieser Vorreiterin und Kämpferin kann der Besucher am Grabmal Luise Büchners auf dem Alten Friedhof. Der schlichte Grabstein unterstreicht die Bedeutung dieser starken Frau, die dem einst »schwachen Geschlecht« über die Bildung einen selbstbestimmten Lebensweg geebnet hat.

Adresse Alter Friedhof, Herdweg 105, 64285 Darmstadt-Mitte, Parzelle IA (vom Haupteingang links) | **ÖPNV** Straßenbahnen 2 und 9, Haltestelle Herdweg | **Öffnungszeiten** Sommer 7–20 Uhr, Winter 7–17 Uhr | **Tipp** Exklusive skandinavische Mode, Wohnaccessoires und Geschenkartikel für die Frau findet man im »Art de Création«, Wienerstraße 86, am Tierbrunnen.

50 Der Große Woog

Karpfenteichanlagen im Freibad

Wer heute den Großen Woog aufsucht, der bekommt Badespaß oder Ruhe und Erholung geboten, ganz nach persönlichem Gusto, und das inmitten einer Großstadt. Der 58.600 Quadratmeter große Naturbadesee – heute unter Denkmalschutz – liegt eingebettet in eine parkähnliche Landschaft. Neben dem Familienbad ist vor allem die »Insel« bei Mensch und Wasservögeln besonders beliebt.

Als Badeteich ist der Woog offiziell erst seit Beginn des 19. Jahrhunderts in Gebrauch; Goethe, schon immer ein unkonventioneller Geist, hatte bereits früher seinen Spaß in diesem Gewässer. Doch bevor man des Woogs Qualität als Badeteich entdeckte, musste er, außer als Löschteich, für etwas anderes herhalten. Nicht genug damit, dass die Menschen im Mittelalter ein entbehrungsreiches Leben führen mussten, strenge Gottesgebote regelten auch noch ihre Nahrungsaufnahme! Ein Drittel des Jahres, fast 130 Tage, galt strenge Fastenzeit, kein »warmblütiges Tier« durfte seit Papst Gregor auf dem Teller landen. Fisch avancierte somit zur wichtigsten Essensgrundlage. Die natürlichen Gewässer konnten die enorme Nachfrage jedoch nicht abdecken, es musste eine andere Lösung gefunden werden. Die bestand in der Schaffung künstlicher Teiche. Landgraf Georg I. ließ gleich drei neue Fischzuchtteiche anlegen: Neben dem Backhausteich und dem Steinbrückerteich war es der Große Woog, der die edlen und hochgeschätzten Karpfen beherbergen sollte.

Die Teichwirtschaft verlor mit der Zeit und dem Aufkommen exotischer Obst- und Gemüsesorten, die fortan die höfische Tafel lukullisch bereicherten, an Bedeutung. Der Große Woog hatte als Karpfenteich ausgedient, schnell fand man jedoch eine neue Verwendung für ihn. Im Zeitalter des Barocks, das sich durch einen Hang zum Theatralischen und Opulenten auszeichnet, ließen sich dort wunderbar kleine Seeschlachten und aufsehenerregende Wasserschauspiele aufführen. Aber das ist eine andere Geschichte.

Adresse am Ostrand der Innenstadt, Badestelle »Familienbad«: Landgraf-Georg-Straße 121, 64287 Darmstadt-Ost | **ÖPNV** Bus L, Haltestelle Woog | **Tipp** Wer nach der Entspannung am Wasser Lust auf Essbares verspürt, dem sei »Das Woog« (Café und Bar) empfohlen (Beckstraße 44).

51 Das GSI Helmholtzzentrum für Schwerionenforschung

Wir holen uns das Universum ins Labor

Während Astrophysiker mit immer stärkeren Teleskopen immer tiefer in die »unendlichen Weiten des Weltraums« vorstoßen, »bohren« sich die Wissenschaftler des GSI immer präziser in subatomare Ebenen. Neben der laufenden Forschung mit Ionenstrahlen, insbesondere von schweren Elementen, wird bei GSI gerade FAIR gebaut, eine der größten Beschleunigeranlagen der Welt.

Basis der Forschung ist die weltweit einmalige Beschleunigeranlage für Ionenstrahlen. Im 120 Meter langen Linearbeschleuniger werden Ionen mit Hilfe von elektrischen Feldern auf etwa 20 Prozent der Lichtgeschwindigkeit beschleunigt. Von hier gelangen sie zum Schwerionensynchrotron, einem Ringbeschleuniger mit 216 Metern Umfang. Einige hunderttausend Umläufe bringen sie auf annähernd Lichtgeschwindigkeit, bevor sie dann auf Materialproben in hochpräzisen Messanordnungen gelenkt oder in den Experimentierspeicherring mit 108 Metern Umfang eingespeist und hier »geparkt« werden. So ergeben sich Einblicke in den subatomaren Aufbau der gesamten Materie. Im Zuge dieser Laborexperimente wurden bisher sechs neue Elemente entdeckt, darunter das Hassium und das Darmstadtium. Ebenfalls wurde im Laufe der Forschungsarbeiten eine neuartige, hocheffiziente Therapie mit Schwerionenstrahlen gegen Kopf- und Halstumore entwickelt, ein Meilenstein in der Behandlung von Krebs.

Das neue Beschleunigerzentrum FAIR mit einem Ringbeschleuniger von 1.100 Metern Umfang und mehreren Speicherringen soll in einigen Jahren in Betrieb gehen und bisher nicht durchführbare Experimente ermöglichen.

Während einer Führung gewinnt der Besucher vollkommen neue Einblicke in die Unendlichkeit und rätselt, ob die Unendlichkeit nicht vielleicht sogar in ihm selbst liegt.

Adresse Planckstraße 1, 64291 Darmstadt-Arheilgen, Führung nur nach Anmeldung über die Website www.gsi.de/besucher | ÖPNV Straßenbahnen 6, 7, 8, Haltestelle Arheilgen/Dreieichweg, umsteigen in G-Bus zum GSI | Tipp Das »Bürgermeister-Pohl-Haus« ist ein Restaurant mit nettem Biergarten, Rodenseestraße 5, 64390 Erzhausen.

52 Die Gute Stube

Wenig Aufwand, geringe Kosten, viel Spaß

Der Name ist hier auf jeden Fall Programm. Wie im Wohnzimmer soll es für Künstler und Publikum sein: direkt, intim und intensiv! Auch nach zehn Jahren ist die »Gute Stube« noch ein Geheimtipp, der sich in Darmstadts Subkulturszene immer größerer Beliebtheit erfreut, abseits des Mainstreams.

In einer ehemaligen Autowerkstatt auf einem Hinterhof befindet sich dieser Veranstaltungsort der besonderen Art: gut 120 Publikumsplätze wie in einem Amphitheater, im Halbkreis um die Künstler herum, super Akustik ... Und die Requisite ist ein Wohnzimmer ganz im Stil der 60er Jahre: Blumentapete, abgewetzter Ohrensessel, Stehlampe und Fernseher – wie »dahaam« weht hier der Hauch kuscheliger Zeiten. Nationale und internationale Musiker, Klangkünstler, Jungautoren, Kabarettisten treten auf, aufgeführt werden Indie-Pop, Folk, Punk, aber auch Poetry Slam, Lesungen und kultige Ratespiele – eine bunte Palette, gemischt, oft hart an der Grenze zur Neuen Musik, eher leise als laut, in jedem Fall schräg und gegen den Strich. Praktisch jeder bekommt hier seine Chance, das jedoch nur einmalig, keine Wiederholungen! Bereits das eine oder andere funkelnde Sternchen hatte hier seinen Auftritt vor dem Eintritt in den internationalen Starhimmel: zum Beispiel Jamie Lawson, Hurray for the Riff Raff (traten bei David Letterman auf) oder Choir of Young Believers (Titelsong aus »Die Brücke«), um nur einige zu nennen.

Zum Konzept der beiden Betreiber Alex Welsch (Journalistin und Musikerin) und Thorsten Jahr gehört, dass alle Veranstaltungen einmal im Monat pünktlich um Viertel nach acht, mit dem Ende der Tagesschau, beginnen. Zu den Künstlern haben sie ein freundschaftliches Verhältnis, lassen sie sogar in den eigenen vier Wänden übernachten. Anlässlich des fünfjährigen Bestehens wurden einige der ehemaligen Künstler in ihren Wohnzimmern besucht, herausgekommen ist eine CD mit Kinderliedern.

Adresse Lauteschlägerstraße 28a, 64289 Darmstadt-Martinsviertel | **ÖPNV** Bus L, Haltestelle Heinheimer Straße | **Öffnungszeiten** Einlass ab 19.30 Uhr, einmal monatlich, Eintritt 5 Euro, keine Reservierung möglich, Programm auf www.gutestube-darmstadt.de | **Tipp** Im gleichen Gebäude hat das Hoffart-Theater seinen Sitz; dort wird Kinder- und Jugendtheater für Kinder und Jugendliche von Kindern und Jugendlichen gespielt, etwas ganz Besonderes.

53 Das Haus am Forellenteich

Jugendstil mal nicht an der Mathildenhöhe

Jugendstil, das sind zweifellos zunächst einmal die Gebäude der Künstlerkolonie auf der Mathildenhöhe, die Darmstadts Ruf als eine der wichtigen Jugendstilmetropolen in Deutschland begründet haben. Und das wohl auch zu Recht. Die künstlerische Bewegung des Jugendstils mit ihrer Vorliebe für bewegte florale Formen, die sich im 19. Jahrhundert als Gegenreaktion zum leicht antiquierten Historismus herausgebildet hat, wandte sich entschieden gegen die industriell gefertigten, günstigen und somit zumeist lieblosen Massenproduktionen. Eine harmonische Verbindung von Architektur, Malerei und Plastik schwebte vor, vor allem jedoch sollte die Natur – im Zeitalter der Industrialisierung wohlgemerkt – Eingang in die Kunst und den Alltag finden. Dass diese ideellen Vorstellungen in der künstlerischen Umsetzung nicht unbedingt etwas für den kleinen Geldbeutel waren, versteht sich fast von selbst. Vielleicht hat man es gerade diesem Umstand zu verdanken, dass es in Darmstadt an einigen Ecken, abseits der Mathildenhöhe, zumeist an den imposanteren Gebäuden, wunderschöne Beispiele des Jugendstils zu entdecken gibt.

Um ein solches handelt es sich bei dem Haus am Forellenteich (heute Teil des Marienhospitals), das im Auftrag des Maschinenfabrikanten Goebel 1905/06 nach Plänen des Architekten Karl Klee gefertigt wurde. Am Entree des Hauses ragt ein Vordach hervor, das aus filigranen Metallstäben und Glaselementen besteht, eine Kristallleuchte hängt herunter, dies steht Guimards Eingängen zu den Pariser Metro-Stationen in nichts nach. Der Eingangsbereich bildet einen guten Auftakt für die imposante Holztür, die ein kunstvoll gestaltetes Ziergitter aufweist. Geschwungene und ineinander verschlungene Zweige und Formen, dazwischen Pflanzen-Elemente und Tiere, so weit das Auge reicht. Eine arabeskenhafte, phantastische Welt, in der das Innenleben in ständiger Bewegung ist.

Adresse Marienhospital, Martinspfad 72, 64285 Darmstadt-Bessungen | ÖPNV Straßenbahnen 2 und 9, Haltestelle Böllenfalltor | Tipp In Bessungen gibt es weitere sehenswerte Jugendstilhäuser, zum Beispiel die Villa Elisabeth, die Villa Morneweg und das Haus Spahn.

54 Das Heckentheater

Spiele hinter historischen Hecken

Sucht man nach einem Rückzugsort, an dem man einfach mal die Seele baumeln lassen und nebenher die Atmosphäre längst vergangener Zeiten spüren kann, dann ist man hier im Prinz-Georg-Garten richtig. Der aus dem 18. Jahrhundert stammende idyllische Landschaftsgarten in unmittelbarer Nähe zum Stadtzentrum und dem stark frequentierten Herrngarten ist ein verstecktes Kleinod.

Prinz Georg-Wilhelm bekam das Ensemble von seinem Vater Landgraf Ludwig VIII. geschenkt und erkor es zu seiner Sommerresidenz und seinem Lustschloss vor den Toren der Stadt. Er und seine Gemahlin Maria Luise Albertina erweiterten den Garten ganz nach ihrem Geschmack, ließen Orangerie, ein Teehäuschen, gemütliche Sitzecken und ein Heckentheater anlegen, um ganz privat ihrer Leidenschaft, dem Feiern von Festen und dem Theaterspielen, frönen zu können. Der Darmstädter Adel feierte hier ausgiebig und ausgelassen, frei von Zwängen des Hofes. Das Prinzenpaar höchstpersönlich spielte gern bei Einaktern mit – besonders Luise war begeisterte Schauspielerin.

Luise, im Volksmund »Prinz Schorsch« genannt, entsprach nicht immer der höfischen Etikette: Nicht nur dass sie Theater spielte, fast schon skandalös war, nach damaligen Vorstellungen wohlgemerkt, dass sie sich ein gemeinsames Schlafgemach mit ihrem Mann teilte. Als Pfälzer Frohnatur redete sie zudem fast unaufhörlich »uff Pälzisch«. Und so hört man in Darmstadt mitunter noch die Redensart: »Ei, babbel doch net so wie de Prinz Schorsch!«

Das Heckenkabinett und das Teehäuschen sind heute noch erhalten, und es finden hier regelmäßig kleinere Veranstaltungen statt. Der Lust- und Nutzgarten im Rokoko-Stil wird aufgrund seines historischen Wertes geschätzt, denn die Anlage mitsamt der Vielzahl an Zier- und Nutzpflanzen und Obstgehölzen stellt eine Besonderheit dar. In den Sommermonaten wird vor Ort das »großherzogliche« Obst und Gemüse verkauft.

Adresse Prinz-Georg-Garten, Schlossgartenstraße 6b, 64289 Darmstadt-Mitte | **ÖPNV** Bus L, Haltestelle Friedrich-Ebert-Platz | **Öffnungszeiten** März–Okt. 7–19 Uhr, Nov.–Feb. 8–16 Uhr, frei zugänglich | **Tipp** Sehen und gesehen werden, nebenher Bier trinken und dazu nordafrikanische Köstlichkeiten genießen kann man im nahe gelegenen »Bedouin« (Schlossgartenplatz 11).

55 Die Heiner-Statue

Love for the Common People

Die Errichtung der »Heiner«-Statue 1995 (Christfried Präger) genau hier vor der »Goldenen Krone« ist wohl als respektvolle Verneigung vor den Einwohnern der Stadt zu verstehen, die sich selbst »Heiner« nennen.

In der Brandnacht vom 11. auf den 12. September 1944 erfolgte ein akribisch geplantes britisches Bombardement der mittelalterlichen Altstadt. Durch den zynisch eingeplanten »Feuersturm« inmitten der mit viel Holz gebauten Häuser wurde fast die gesamte Altstadt dem Erdboden gleichgemacht. Einzig die »Goldene Krone« – seit 1656 ein Wirtshaus am Rande der Altstadt (siehe Ort 47) – blieb unversehrt. Aber aus Schutt und Asche bauten auch die »Heiner« gemeinsam ihre Stadt wieder auf.

Der in der Statue »verewigte« Mann trägt die für seine Zeit typische Kleidung eines Tagelöhners, des »Eckenstehers«, der traditionell an dieser Stelle auf Arbeitsangebote für sein »Tagewerk« wartete. Und ohne die fleißigen Hände der vielen anspruchslosen Tagelöhner aus der Altstadt hätte auch der Wohlstand der Stadt länger auf sich warten lassen, und ohne den Einsatz der Bürger wäre die Stadt nicht wiederauferstanden.

Der Name »Heiner« ist vermutlich im 18. Jahrhundert entstanden. Für die betuchten Bürger der Vorstädte wie Bessungen waren die einfachen, ärmeren Bewohner der Innenstadt nur »Schmuddelkinder«, mit denen man besser nicht spielen sollte; und über Jahrzehnte bestanden Fehden zwischen den Stadtvierteln. Die Grenze zwischen Darmstadt und Bessungen war die Heinrichstraße, südlich davon war Bessunger Land, und wer diese Grenze überschritt, riskierte eine Abreibung. Junge Männer zogen in »Gangs« regelmäßig über die »Grenze«, um »drüben« aufzumischen. Und angeblich hieß der Anführer einer einflussreichen Gang aus der Altstadt Heiner. So gesehen wurde irgendwann, etliche Jahre später, der Name »Heiner« zum Synonym für all die Darmstädter, die »sich für die Stadt engagieren«.

Adresse Schustergasse 18, Ecke Holzstraße, 64283 Darmstadt-Mitte | ÖPNV fast alle Straßenbahnen, Haltestelle Schloss | Tipp Meistens unentdeckt bleibt das pikante Fassadenrelief »Der Fenstergucker« von Richard Heß (1976) auf der gegenüberliegenden Straßenseite. Ein »Heiner« lehnt sich weit aus dem Fenster und beobachtet voyeuristisch eine entblößte Dame im Kirchturm.

56_Das »Henkershäuschen«

Hängen – eine lukrative Einnahmequelle?

Inmitten des schmalen Gässchens taucht man plötzlich in eine andere Welt ein, in der die Zeit, so scheint es, stehen geblieben ist. Ein wenig Dorfcharakter hat die Niederstraße schon; gesäumt von schmucken Fachwerkhäusern, die mit ihren herausgeputzten Fassaden und interessanten Innenhöfen zur Teichoskopie (Mauerschau) einladen.

Das rot-weiße Fachwerkhaus, das im ältesten Teil Bessungens steht, weckt dabei besonderes Interesse. So anheimelnd und schmuck es auf den heutigen Besucher auch wirkt, man würde kaum vermuten, welch einem nicht ganz so ehrwürdigen Beruf die ehemaligen Hausbesitzer nachgingen. Im 18. Jahrhundert gehörte dieses Haus den Bessunger Scharfrichtern Molter und Schönbein, die auf Befehl des Darmstadt-Bessunger Zentgerichts die Köpfe von Delinquenten rollen ließen.

Seit dem Mittelalter war ein Henker ein Mensch ohne Rechte, zudem ehrlos und gesellschaftlich geschmäht. So durfte er der Kirchenmesse nur hinter einem Extragitter lauschen und heiraten nur unter seinesgleichen. Doch er verfügte über enorme anatomische und medizinische Kenntnisse, auf die der eine oder andere Arzt in der damaligen und vielleicht auch heutigen Zeit neidisch werden konnte. Mehrfache Knochenbrüche zu verursachen und dennoch die Haut des Körpers fast unversehrt wirken zu lassen, war schon eine kleine medizinisch-ästhetische Meisterleistung. Wie lukrativ die vielfältigsten Folterstrafen in der damaligen Zeit waren, belegen Aufzeichnungen über die Kostenaufstellung eines Bessunger Scharfrichters. Hierzu ein Auszug:

- einen Malefikanten in Öl sieden für 24 Gulden
- ihn in vier Teile zu zerreißen für 18 Gulden
- eine Hexe lebendig zu verbrennen für 14 Gulden

Zum Vergleich: Um circa 1760 erhielt ein Tagelöhner ein monatliches Gehalt von 8 Gulden und ein Direktor mit Buchhalteraufgaben 33 Gulden.

Zum Henker(shaus) mit dir!

Adresse Niederstraße 2, 64285 Darmstadt-Bessungen | **ÖPNV** Straßenbahn 3, Haltestelle Orangerie | **Tipp** Mit einer leckeren Eistüte von »Da Carlo« in der Hand lässt sich Alt-Bessungen noch gemütlicher durchqueren (Bessunger Straße 34, im Sommer täglich ab 10 Uhr).

57_Der Herrgottsberg

Goethes nächtliche Aktivitäten im Walde

Dass Johann Wolfgang von Goethe ein Dichter von Rang und Namen ist, das wissen die Schüler spätestens seit dem Kinoerfolg *»Fack ju Göhte«*, auch war er ein Schwerenöter vor dem Herrn, dem Wein und hübschen jungen Frauen durchaus zugetan. Dass er auch sonstigen unkonventionellen Späßchen nicht abgeneigt war, soll sein (angebliches) »Nacktbaden« im Darmstädter Woog (siehe Ort 50) belegen.

Seine Aufenthalte am Herrgottsberg im Kreise der Empfindsamen waren hingegen etwas weniger »provokant«: Man traf sich nächtens inmitten der Waldidylle am Herrgottsberg auf der Ludwigshöhe, um naturnah, möglichst noch im »Mondenschein«, schriftstellerisch-produktiv zu wirken. Im Mai 1772 soll an diesem denkwürdigen Ort (ob es sich tatsächlich um diesen Felsen handelte oder einen unmittelbar benachbarten, wird in der Wissenschaft immer noch heftig diskutiert) Goethes »Fels-Weihegesang an Psyche« entstanden sein, ein Gedichtlein, das er seiner Freundin Caroline Flachsland, der Frau von Johann Gottfried von Herder, widmete. Ein kleiner Gedenkstein mit einigen Zeilen erinnert an den Geheimrat.

Abgesehen von der Tatsache, dass Goethe sich hier des Nachts umtrieb, ranken sich um diesen Ort auch sonst noch einige Legenden: In heidnischer Vorzeit sollen hier kultische und rituelle Opferhandlungen vollzogen worden sein. Später soll eine kleine christliche Kapelle diesen Platz geziert haben, die kein anderer als der Leibhaftige in persona errichtet haben soll. Allerdings soll er sich während des Bauens in einem Zustand geistiger Umnachtung befunden haben, zurückzuführen auf übermäßigen Alkoholkonsum, und erst in nüchternem Zustand bemerkte er des »Pudels Kern«: Ein christliches Kreuz zierte das Dach der Kapelle! Wutentbrannt schnappte er sich einen Felsbrocken (hierbei soll es sich um jenen besagten Goethestein gehandelt haben, der ja eigentlich ein Felsen ist) und ließ ihn auf das Kapellchen fallen.

Adresse vom Parkplatz an der Kommissar-Rünz-Hütte am Waldrand neben dem Polizeipräsidium, Klappacher Straße 145, 64285 Darmstadt-Bessungen, circa 0,5 Kilometer Fußweg, leicht ansteigender Weg bis zum Goetheteich und Goethestein | **ÖPNV** Bus N 71 ab Hauptbahnhof oder Schloss, Haltestelle Marienhospital oder Böllenfalltor; Straßenbahnen 2 und 9, Haltestelle Böllenfalltor | **Tipp** Ob vor oder nach dem Spaziergang, ein Besuch im Restaurant »Bölle« direkt am Waldrand, vor allem sommers im Gartenlokal, lohnt sich (Nieder-Ramstädter-Straße 251, Mo–So 11.30–23 Uhr).

58 Das Holzpflaster an der TU

Flüster-Pflaster

Das Studentenviertel der Technischen Universität ist heutzutage durch die ständigen Renovierungs- und Verschönerungsmaßnahmen an Gebäuden und Boden nicht gerade ein Eyecatcher, doch manchmal ist es lohnenswert, mit gesenktem Blick durch die Straßen zu laufen. Das eine oder andere interessante Detail kann dabei neben den für Darmstadt so bekannten Mosaikpflasterungen entdeckt werden.

Ende des 19. Jahrhunderts kam man auf die glorreiche Idee, die Hochschulstraße mit Holzpflasterung auszustatten. Die Pferdefuhrwerke und Bauernkarren, die vollgeladen mit so allerlei Waren von der Pankratiusvorstadt zum Markt fuhren, besaßen mit Eisen beschlagene Holzräder, und diese verursachten nun mal Krach. Da die mehr oder weniger eifrigen Studenten nicht bei ihren doch so wichtigen Studien gestört werden sollten, entschloss man sich für eine Geräusche dämmende Pflasterung. Beauftragt wurde eine Firma aus Wien, die bereits in Mainz Straßen mit Kiefernholzbelägen verschönert hatte. Es gab einen weiteren Vorteil gegenüber einer konventionellen Asphaltierung: Bei Nässe konnte sich der von den Pferdehufen und Rädern aufgeworfene Dreck auf normaler Asphaltierung blitzschnell in eine glitschige und rutschige Angelegenheit verwandeln, und Schlittenfahrten mit Ochs und Gespann mussten dann doch nicht sein. Kostspielig und aufwendig in der Erhaltung und Pflege war die ganze Angelegenheit dann doch, denn einmal im Jahr mussten die immerhin 1.912 Quadratmeter mit Teeröl behandelt werden. Da stelle man sich nur den Gestank vor!

Die ehemalige Holzpflasterung war unter der Asphaltierung nur noch an einer Stelle zu sehen, die 1988 bei Ausgrabungen zutage trat. Heute sind diese Reste an anderer Stelle zu bestaunen: Der Standort wird jedoch nicht verraten – so viel sei gesagt, der interessierte Besucher soll offenen Auges durch die nur kurze Hochschulstraße vom Kantplatz in Richtung Herrngarten laufen.

Adresse Hochschulstraße, 64289 Darmstadt-Mitte | ÖPNV fast alle Straßenbahnen, Haltestelle Schloss | Tipp Nach der Suche mit gesenktem Haupt sollte man nun den Blick nach oben richten auf die am Universitätsgebäude angebrachten Medaillons von Wissenschaftlern, die den Ruf Darmstadts als Wissenschaftsstadt geprägt haben.

59 Das Hundertwasserhaus

Die recycelte Waldspirale aus 1001 Nacht

Dieses Haus muss man einfach gesehen haben! Ganz gleich, ob pilgernde Touristenscharen oder Heiner, an diesem ungewöhnlich bunten Bauwerk kommt keiner vorbei, ohne es bewundernd zu bestaunen. Es ist ein Haus, das, wie Märchenträumen entsprungen, total aus dem Rahmen fällt, ganz gleich, in welcher Nachbarschaft es steht. Seit der Fertigstellung im Jahr 2000 ist es ein architektonisches Highlight inmitten des »Bürgerviertels«.

Glaubt man einer Anekdote, so soll Friedensreich Hundertwasser den Entwurf für dieses Bauwerk während eines Banketts auf eine Serviette gekritzelt haben. Auch wenn er jeden kleinen Arbeitsschritt im Bauprozess mit Argusaugen beobachtet hat, sich die Farbmuster von einer ortsansässigen großen Farbenfirma bis nach Neuseeland zur Kontrolle schicken ließ, die Fertigstellung seines letzten Entwurfes konnte er nicht mehr miterleben.

Jedoch ist seine Vorstellung von einem »Naturhaus« vortrefflich gelungen. Es ist und bleibt ein architektonisches Kuriosum, weil keines der insgesamt 1.048 Fenster einem anderen gleicht, der Bewohner das Fensterrecht besitzt und sein Fenster von weit her erkennt, weil das geschwungene Dach des Hauses Lebensraum für heimische Flora bietet, weil der Boden der gesamten Außenanlage gemäß dem natürlichen Kreislauf der Natur uneben ist, weil die Außenfassade in ihrer farblichen und baustofflichen Gestaltung der Segmentierung den heimischen Lehmböden entspricht, weil die Schlusssteine und Keramiksäulen in unglaublich kräftigen Farben von Weitem leuchten, weil der monumentale organische Baukörper in einzelnen Wohnungen über Baummieter (kleine Bäume und Sträucher) verfügt, weil es das erste Bauwerk in Deutschland war, das aus Recycling-Beton erbaut wurde, weil die DIN-Richtlinien hier überhaupt keine Rolle spielen und weil zu guter Letzt die Bewohner des Hauses (Mietwohnungen) sich glücklich schätzen können, in einem solchen Haus zu leben.

Adresse Friedberger Straße, 64289 Darmstadt-Nord | ÖPNV Straßenbahnen 4 und 5, Haltestelle Messplatz | Tipp Die Figurengruppe der Künstlerin Anne Haring vor der ehemaligen Seuchenhalle bietet tiefgründige Einblicke in eine »Familienaufstellung« (Büdinger Straße 7).

60 Der Jagdhofkeller

Saumäßige Vergnügungen

Zuweilen geht hier schon mal die Sau ab – natürlich nicht mehr im wortwörtlichen Sinne, dieses Kapitel wurde bereits im 18. Jahrhundert geschlossen, dazu jedoch gleich noch mehr.

Der Gewölbekeller des ehemaligen Jagdhofs ist wohl eine der schönsten Eventlocations der Stadt Darmstadt, und zudem die mit der längsten Theke. Ob Lesungen, Comedy auf der Bühne, auch das original-originelle »NightWash« gibt hier schon mal seine Glanzstücke zum Besten, oder diverse musikalische oder musische Darbietungen, häufig im Zeichen der deutsch-französischen Freundschaft – der Jagdhofkeller bietet dank hervorragender Akustik und stimmungsvoller Beleuchtung für jede Veranstaltung den passenden Rahmen.

Wie gut, dass das gesamte Jagdhofensemble seit 1974 unter Denkmalschutz steht: So konnten der Abriss und die Errichtung eines Einkaufszentrums auf diesem historischen Areal zum Glück verhindert werden. 250 Jahre ereignisreicher Geschichte und häufige Nutzungswechsel hat der Jagdhof immerhin auf dem Buckel. 1725 unter dem für seine Jagdleidenschaft berühmt-berüchtigten Landgrafen Ernst Ludwig erbaut, sollte diese Anlage das passende Quartier für die ausschweifenden Jagdexzesse bieten. Der Gewölbekeller mit seiner immensen Deckenhöhe von fast 7 Metern, 20 Metern Länge und fast 10 Metern Breite bot ausreichend Platz und Möglichkeit, die riesige Menge des landgräflichen Wildbrets zu lagern – davon zeugen heute noch die »Fleischringe« an den Wänden. Die Jagdleidenschaft war mitunter so groß – zeitgenössische Quellen berichten von »100 und mehr Stück Schwein gefället und dazu noch 1.000 Hasen bei der Jagd« –, dass dann doch nicht alles am Hof verspeist werden konnte. Also mussten die Fleischmassen bis zum Verkauf gelagert werden, und das konnte zuweilen schon mal dauern.

Heute weht hier eher der Hauch eines guten rauchigen Whiskys und ebensolcher Stimmen.

Adresse Bessunger Straße 84, 64285 Darmstadt-Bessungen | ÖPNV Straßenbahn 3, Haltestelle Orangerie | Tipp Das benachbarte Restaurant »Belleville« (benannt nach dem gleichnamigen Pariser Viertel) hat hervorragende französische (Land-)Küche zu bieten.

61 Das Jagdschloss Kranichstein

Der Hang des Adels zum Abnormen und Wundersamen

Die Jagd hatte seit dem Mittelalter in höfischen Kreisen einen hohen Stellenwert, galt sie doch als probates Mittel, Macht und Geld zu präsentieren. Wie mächtig und vor allem wie mächtig verrückt die Landgrafen von Hessen-Darmstadt nach der Parforcejagd waren, einer grausamen Hetzjagd aus Frankreich, bei der das Wild keine Chance hatte, kann man beim Besuch des Jagdschlosses Kranichstein erahnen.

Im Erdgeschoss des Museums staunt der Besucher über die umfangreiche Sammlung von »Jagdutensilien«, allen voran Waffen oder Jagdzeug (Fang- und Prellnetze, Fallen), oder unverzichtbare Accessoires wie das Hühnernetz oder der Hasensarg (auch Felleisen genannt), in den der tote Hase kopfüber gesteckt wurde, damit der auslaufende Urin nicht die Tasche verunreinigen konnte.

Erschreckend eindrucksvoll sind die genauen Zahlen des erlegten Wildes, streng nach Protokoll, festgehalten: Im Jahr 1724 beispielsweise hat allein Ernst Ludwig VIII., genannt der »Jagdlandgraf«, 887 Sauen erlegt! Mehr Wundersames erwartet den Besucher im ersten Stock. Die Korridore sind mit Hirschgeweihen ausgestattet. Zwar sind die Hirsche nicht namentlich bekannt, so weit ging es dann mit der Liebe zur Jagd doch nicht, aber (fast) jedes Hirschkonterfei weist immerhin eine kleine »Ehrentafel« auf, die uns sagt, wann, wo und von wem er erlegt wurde. Auch manch prächtiges Schwarzwild wurde in Bildern festgehalten und mit Gedichten posthum geehrt, so etwa dieses arme Schwein: »Du ritterlich und grimmig Schwein, | Wie hast du hier auch ganz allein, | Herrn Landgraf hast du attaquirt | Er gab dir auch, was dir gebührt | Schoß dir eine Kugel auf den Leib, | Das du nicht köntest laufen weit, | Dadurch machtest du auch allhier | Dem Theuern Ludwig viel Plaisier«

Die Parforcejagd wurde in Deutschland untersagt. Manche »Hobbys« bleiben zum Glück nur Zeiterscheinungen!

Adresse Museum Jagdschloss Kranichstein, Kranichsteiner Straße 261, 64289 Darmstadt-Kranichstein, Tel. 06151/9711180 | **ÖPNV** Bus H bis Kranichstein, Haltestelle Kesselhutweg | **Öffnungszeiten** Mi–Fr 13–17 Uhr, Sa, So und Feiertage 10–17 Uhr | **Tipp** Auf einer vom Forstamt angebotenen »Jagdhistorischen Pirsch« durch den Kranichsteiner Wald erfährt man viel Interessantes über die Jagd als Teil der höfischen Kultur (Auskunft Bioversum, Kranichsteiner Straße 235, Tel. 06151/97111888).

62 Kanaan

Das Land der Verheißung in Eberstadt

Der See Genezareth, der Berg Tabor und der Hügel Golgatha – Moment mal, das sind doch biblische Orte!, mag mancher denken. Stimmt, und das Ganze mitten in Darmstadt-Eberstadt.

1947 hat es sich die neu gegründete Evangelische Marienschwesternschaft zur Aufgabe gemacht, ohne die finanzielle Unterstützung von Kirche oder Staat, allein durch den Glauben an Gott und seine Kraft und nicht zuletzt mit den zuhauf in Darmstadt herumliegenden Trümmersteinen diese Anlage zu bauen. Hauptinitiatorinnen waren die beiden geistlichen Ordensmütter, Mutter Basilea Schlink (übrigens Mutter des Schriftstellers Bernhard Schlink – »Der Vorleser«) und Mutter Martyria Madauss. Ihnen wird hier auch heute noch höchste Anerkennung und Bewunderung gezollt. Mit den Jahren entstand dann eine weitläufige Anlage, in der die biblischen Orte, an denen Jesus gelebt und gewirkt haben soll, wie die Bethlehem-Grotte, der See Genezareth oder der Berg Tabor, in kleinem Format nachgebildet wurden. Besteigt man den kleinen, von Olivenbäumen gesäumten Hügel, so hat man, wenn auch nur für kurze Augenblicke, das leise Gefühl, sich tatsächlich im biblischen Land Galiläa zu befinden. Besonders beeindruckend sind die einzelnen Stationen auf dem Gebetsweg »Leidensweg Jesu«. Jenseits aller Glaubensrichtungen und Vorbehalte kann man an diesem friedlichen und beschaulichen Ort seine inneren Kraftquellen auffrischen: Es geht den Marienschwestern um Vergebung, Gemeinschaft und Versöhnung, unermesslich wichtige Grundwerte!

Sucht man Informationen zu den einzelnen Stationen, so greift man entweder nach den Broschüren, oder man hält Ausschau nach den freundlich-verklärten Marienschwestern oder Franziskanerbrüdern, die seit 1967 hier ebenfalls ihre Lebens- und Wirkungsstätte besitzen. Sie erteilen gern Auskunft und geben dem Besucher oft einen passenden Lebensspruch mit auf den Weg, zum Beispiel: *»Keep the path.«*

Adresse Kanaan – Evangelische Marienschwesternschaft, Heidelberger Landstraße 107, 64297 Darmstadt-Eberstadt | **ÖPNV** Straßenbahnen 1, 6, 7, 8, Haltestelle Von-Ketteler-Straße | **Tipp** Verlässt man das Tal der Entbehrungen und Entsagungen und stürzt sich nun in das Land irdischer Freuden und Genüsse, gelingt einem das am besten im »Café-Restaurant Adria« in den City-Arkaden / Georgenstraße 32–36.

63 Der Kiosk am Kantplatz

Das Wasserhäuschen ohne Gesicht

Das kleinste Baudenkmal Darmstadts am Rande des stark belebten Martinsviertels fristet schon lange ein Schattendasein – und das zu Unrecht.

Das fast schon niedlich anmutende und sanierte Kioskhäuschen ist das einzige erhaltene von ehemals sieben baugleichen Exemplaren, die in den 1920er Jahren an verschiedenen öffentlichen Plätzen (zum Beispiel am Luisenplatz oder Steubenplatz) aufgestellt waren. Die polygonalen Betonguss-Häuschen, die mit kupferbedeckten Spitzdächern versehen waren, wurden von August Buxbaum gebaut, der seit 1909 das Amt des Stadtbaurats innehatte und auch sonst deutliche Spuren im Darmstädter Stadtbild hinterlassen hat. Nachgewiesen sind Kioske seit dem 19. Jahrhundert, wo sie als Einkaufspavillons in öffentlichen Parks und Boulevards (hier hat auch der Begriff der Boulevardzeitung seinen Ursprung), wie beispielsweise in Paris, das Stadtleben bereicherten. Auch in Darmstadt herrschte an diesen Büdchen reges Treiben: Ob Zeitungen, Tabakwaren, Süßigkeiten, Getränke oder Stadtinformationen – alles wurde an den Mann oder die Frau gebracht.

Historische Aufnahmen der Nachkriegszeit zeigen den Kiosk am Kantplatz inmitten eines von Bomben zerstörten Ruinenmeers; nahezu unbeschadet steht einzig und allein der kleine Riese und scheint der Zerstörung und dem Chaos zu trotzen. Und auch heute noch, trotz wiederholten Vandalismus, steht das Wasserhäuschen frisch herausgeputzt dank Sanierung, obwohl es seit den 70er Jahren nicht mehr bedient wird und »blinde« Fenster hat. Seit 1997 betreut der Verein Darmstadtia e. V. den mittlerweile unter Denkmalschutz stehenden Kiosk. Der Wunsch nach einer erneuten Nutzung ist groß, die Möglichkeiten dafür scheinen umso geringer. Ein Vorschlag des Vereins, ein Medien- und Informationsprojekt der TU dort unterzubringen, über das multimedial Auskünfte über Veranstaltungen der Uni abrufbar wären, konnte bislang nicht realisiert werden.

Adresse Kantplatz im Martinsviertel, 64289 Darmstadt-Mitte | ÖPNV fast alle Straßenbahnen, Haltestelle Schloss | Tipp Wer sich jetzt nach Getränken, Zeitunglesen oder Plaudereien sehnt, dem sei das benachbarte »Wellnitz Café & Bar«, ehemals Hochschulbuchhandlung, in der Lautenschlägerstraße 4 empfohlen.

64 Die Kirche in Wixhausen

Time will tell – die Zeit wird es weisen

Diese schlichte kleine Kirche erzählt in beeindruckender Art von der großen Zeit: Zeit, die Zeugnis ablegt, die Zeichen setzt, die uns den Weg in die Zukunft weist; Zeit, die vielleicht zeitlos ist.

Der Kirchturm, das älteste Mauerwerk in ganz Darmstadt, ursprünglich der Wehrturm einer Burg auf einer Flugsanddüne aus den Zeiten der Urstromtäler, wurde 1150 errichtet. Der Anbau des Kirchenschiffes in der heutigen Form entstand im Jahr 1775. Von einer alten Tafel aus der Zeit der Reformation schallt der Ruf: »Das Wort Gottes bleibt in Ewigkeit.« Um endlich auch das Leben auf dem Lande zu regeln, zog die Zeit weithin hörbar in Wixhausen ein, in Form eines zeigerlosen Schlagwerks und eines Geläuts mit drei Glocken. Das Schlagwerk aus dem Jahr 1517 ist eins der ältesten Technik-Denkmäler des Rhein-Main-Gebietes, es muss auch heute noch täglich manuell aufgezogen werden. Die älteste Glocke, 1519 gegossen, ist Sankt Blasius gewidmet, Schutzpatron der Menschen und Tiere mit Halsleiden. Pferdezucht und Wagenbau waren wichtige Wirtschaftszweige in Wixhausen. Pferde waren kostbar, und das Kummet konnte leicht den Hals reizen.

Der Blick fällt auf zwei Fenster rechts und links der Orgel. Thomas Duttenhöfer hat in diesen »Physikfenstern« zusammen mit Theologen und Physikern des benachbarten Helmholtzzentrums für Schwerionenforschung seiner Vorstellung von der gegenseitigen Durchdringung von Physik und Theologie Ausdruck verliehen. Das rechte Fenster symbolisiert die unfertige Schöpfungsgeschichte aus naturwissenschaftlicher Sicht seit dem Urknall; »glasklare« Gleichungen und Kurven und letztlich doch unkalkulierbar wegen der »Verschleierungen« in der Zeit. Der Halleysche Komet, der hell über Bethlehem die Zeit des Christentums einleitete, streift durch die wirbelnden Schlieren im Glas dieses »Zeitfensters«.

Leicht aus der Bahn geworfen, verabschiedet sich der unbedarfte Besucher als »Philosoph«!

Adresse Römergasse 17, 64291 Darmstadt-Wixhausen, Tel. 06150/7731 | **ÖPNV** Straßenbahnen 6, 7, 8 bis Arheilgen, Haltestelle Dreieichstraße, umsteigen in WX/G-Bus bis Wixhausen, Haltestelle Brückengasse | **Öffnungszeiten** täglich 8–18 Uhr | **Tipp** Die »Taverna Hellas« mit guter griechischer Küche ist ein beliebter Treffpunkt der Wixhausener, Bahnhofstraße 17.

65 Der Kohlenmeiler

Wer hat Angst vorm schwarzen Mann?

Das Modell am Frankenstein ist wesentlich kleiner als ein richtiger Meiler, aber man kann den Aufbau gut erkennen. Ein Meiler diente zur Gewinnung von Holzkohle, und der Mann, der den Meiler betrieb, war der Köhler, ein Spezialist in Sachen »Energiegewinnung«, dessen Berufsstand oft unterschätzt und ausgegrenzt wurde.

Im Meiler wurden Holzscheite kegelförmig um einen Feuerschacht aufgestellt. Darüber wurde luftdicht mit Reisig, Moos und Erde abgedichtet, dies allein erforderte große Erfahrung! Einmal entzündet, schwelte so ein Meiler je nach Größe sechs bis acht Tage, manchmal auch mehrere Wochen bei einer Temperatur zwischen 300 und 350 Grad Celsius vor sich hin, bis Holzkohle entstanden war. Der Meiler musste Tag und Nacht kontrolliert und reguliert werden – eine höchst ermüdende Arbeit. Die fertige Holzkohle hatte dann etwa 80 Prozent weniger Masse als das Holz, der Brennwert lag aber noch bei etwa 90 Prozent. Mit ihr konnten höhere Temperaturen erzeugt werden, die zur Gewinnung von Eisen notwendig waren. Eisengießer, Glashütten, Schmiede, Bäcker und selbst Hausfrauen benutzten Holzkohle: ohne Meiler kein Fortschritt.

Die schwarzen Gesellen aus dem Wald galten als unehrenhaft, waren geächtete Leute, der Ruf von bösen Fähigkeiten und dunklen Machenschaften haftete ihnen an. Was nimmt es wunder, denn die Köhler benahmen sich mitunter seltsam, weil sie durch das Kohlenmonoxid aus den Meilern Angstzustände entwickelten – verstärkt durch Schlafmangel –, ihre schwarzen Gesichter waren mit Brandnarben übersät, sie rochen streng und »verkohlten« die Menschen mit haarsträubenden Geschichten aus dem Wald.

Die Köhler waren die Einzigen, die sich sogar für den Besuch des Königs nicht das Gesicht zu waschen brauchten, selbst Bergleute besaßen nicht dieses »Privileg«. Mit der »Entdeckung« der Steinkohle und des Erdöls verlor die Arbeit des Köhlers zusehends an Bedeutung und starb fast ganz aus.

Adresse Burgruine Frankenstein, 64297 Darmstadt-Eberstadt. Der Erlebnispfad um die Burg führt unmittelbar am Meiler vorbei. Den Kennzeichnungen mit dem türkisfarbenen Ahornblatt und dem gelben L folgen. | **ÖPNV** Straßenbahn 8, Haltestelle Eberstadt-Frankenstein, umsteigen in Bus K 50, Haltestelle Burg Frankenstein | **Anfahrt** A 3 bis Abfahrt Darmstadt-Eberstadt, B 426 Richtung Nieder-Beerbach, Abzweigung Burg Frankenstein rechts | **Tipp** Unterhalb der Burg führt eine circa 1,1 Kilometer lange Wanderung zu den Magnetsteinen (gelbes Kreuz).

66 Der Kreuzweg

Compassio im Darmstädter Pantheon

Sankt Ludwig – das ist schon ein eindrucksvoller Kirchenbau, für Architekturliebhaber ein absolutes Muss. Als Nachbildung des römischen Pantheons findet die erste katholische Kirche Darmstadts, 1822–27 nach den Plänen des städtischen Stararchitekten Moller errichtet, auch regelmäßig Beachtung in den gängigen Reiseführern. Wenn man sich dann aber von dem fast überirdischen Raumerlebnis dieses monumentalen Kuppelbaus, seiner unglaublichen Weite und eindrucksvollen kosmischen Farbigkeit erholt hat, sollte man einen Blick in den Kreuzweg wagen. Hier wartet ein »kleines« Kunstwerk, das beinahe unbeschädigt die Zerstörung von 1944 überstanden hat: ein Kreuzweg, obligatorischer ikonografischer Bestandteil in katholischen Kirchen, entlang der äußeren Innenwände, wie er realistischer und eindringlicher nicht sein könnte. Mit seinen zumeist 14 Stationen der Passion, die traditionell auf die Via Dolorosa in Jerusalem zurückgehen, präsentiert er Jesu Leidensweg von seiner Gefangennahme im Garten Gethsemane bis hin zu seiner Grablegung.

Die zwölf Stationen hier wurden 1905/06 von den Gebrüdern Albermann aus Köln gefertigt. Sie sind aus belgischem Kalkstein als plastische Reliefs gemeißelt und von einer fast greifbaren Präsenz und Eindringlichkeit: Die biblischen Figuren sind fast vollplastisch ausgearbeitet, sodass man sich manchmal des Eindrucks nicht erwehren kann, sie kämen aus ihren Tabernakeln heraus. Die Gestik und die Mimik der individuell gestalteten Figuren ist zuweilen so sprechend, dass man wie in Bild IV, als Christus seiner leidenden Mutter begegnet, beinahe mitfühlen und mitleiden kann – ganz im Sinne der *compassio*. Unweigerlich spürt man als Betrachter den Schmerz und die Trauer der Gottesmutter, den Hass der Schergen – die tragische Emotionalität dieser Szene wird durch diese sprechenden Reliefs greifbar, und die Ausleuchtung tut dabei ein Übriges.

Adresse Sankt Ludwig, Wilhelminenplatz 9, 64283 Darmstadt-Mitte | **ÖPNV** fast alle Straßenbahnen, Haltestelle Schloss | **Öffnungszeiten** April – Okt. täglich 10 – 17 Uhr, Nov. – März täglich 10 – 16 Uhr | **Tipp** Veranstaltungen der eher »irdischen« Art, die einen vielleicht auch etwas abheben lassen, bietet die Spielstätte des Vereins »Freie Szene« im Theater Moller Haus, ein Zusammenschluss freier Darmstädter Theatergruppen und Einzelkünstler (www.theatermollerhaus.de).

67 Das Kühlhaus

Was vom Bierbrauen übrig blieb

Das Brauen von Bier hat in Darmstadt eine lange Tradition, böse Zungen behaupten sogar, dass ein echter Heiner nicht mit der Muttermilch, sondern mit der Bierflasche gesäugt wird. Während im 16. Jahrhundert nur eine Darmstädter Hofbrauerei bezeugt ist, die ausschließlich im Auftrag des landgräflichen Hauses braute, bestehen um 1715 aufgrund der immensen Nachfrage nach dem »bernsteingoldenen, flüssigen Brot« bereits 28 gewerbliche Brauereien.

In Eberstadt waren seit jeher Ackerbau, Weinanbau und Viehzucht starke Wirtschaftszweige, jedoch konnte sich seit Beginn des 18. Jahrhunderts auch das Brauen zu einem florierenden Gewerbe entwickeln. Dankbare Abnehmer für die sechs Brauereien waren neben Darmstadt selbst die zahlreichen Gasthäuser, Herbergen und Einstellhöfe, die dank des lebhaften Reiseverkehrs (immerhin kreuzten sich hier seit der Römerzeit zwei wichtige Verkehrsstraßen) auf der Bergstraße viel Publikumsverkehr hatten.

Im historischen Stadtkern in der Oberstraße befindet sich ein eindrucksvolles und seltenes Ensemble der Brauerei Dörner (kurze Zeit im Besitz der Familie Diefenbach), die Ende des 18. Jahrhunderts gegründet wurde. Das Gebäude steht heute unter Denkmalschutz. Neben dem schönen Fachwerkhaus aus dem Barock und dem aus Natursteinen errichteten Brauhaus ist es vor allem das Kühlhaus im Hof mit seinem interessanten Oberbau. Es ist das einzige Industriedenkmal dieser Art deutschlandweit und somit eine Rarität. Ein von Holzsäulen getragenes Dach bildet den einschiffigen Überbau mit dem Fachwerkgiebel, darunter befand sich eine Wanne, in die das warme Bier über ein ausgeklügeltes Röhrensystem zum Kühlen gegossen wurde. An der schrägen Dachinnenseite sammelte sich auch das »Kondensbier« und konnte in die Wannen zurücktropfen.

Heute kann man in dem von alten Bäumen gesäumten kleinen Innenhof bei feuchtfröhlichen Festen ebenfalls sein kühles Blondes genießen.

Adresse Haus der Vereine, Oberstraße 16, 64297 Darmstadt-Eberstadt | ÖPNV Straßenbahnen 6, 7, 8, Haltestelle Modaubrücke | Tipp In der alten Geibel'schen Schmiede hat der hiesige Bürgerverein ein Heimatmuseum untergebracht, Oberstraße 20; Öffnungszeiten erfragen beim Bürgeramt Eberstadt (Tel. 06151/132423).

68 Die Lappinge in Bessungen

Wie aus einer Landplage ein Maskottchen wurde

Hier und da begegnet man ihnen, man muss nur genau hinschauen oder gleich ein Suchspiel daraus machen. Wo verstecken sie sich bloß? Mal opakweiß, mal pink, mal leuchtend grün, mal klein, mal groß, manchmal mit einem Accessoire versehen, hier eine Krawatte, dort eine Sonnenbrille, je nach Gusto des Hausbesitzers dezent oder extravagant gekleidet, manchmal auch mit menschlichen Zügen in einer Kleingartenidylle.

Die Rede ist hier von den Hasen, die sich in etlichen Schaufenstern und Ausstellungsflächen von Geschäften und Firmen im Stadtteil Bessungen verstecken. Mitunter muss man auch zu Boden schauen, denn dort lagern sie gern auf Fußmatten oder auch auf Treppenstufen. Besser bekannt sind diese possierlichen Tierchen auch unter der Bezeichnung »Lappinge«, und damit haben sie gleich eine jahrhundertelange Tradition. Denn historischen Quellen zufolge versuchte Landgraf Georg I. im 16. Jahrhundert Wildkaninchen (französisch lapin) in Bessungen anzusiedeln, um den Fleischkonsum der wachsenden Bevölkerung zu decken. Beim ersten Versuch scheiterte er, Meister Reineke holte sich die niedlichen Bewohner. Der zweite Versuch klappte, endete jedoch in einem unglaublichen Desaster: Die kleinen Racker vermehrten sich, wie sie das nun mal gut können – »wie die Karnickel« –, durchbrachen das eingezäunte Gehege und wurden zu einer wahrhaften Plage in Bessungen. Mit vereinten Kräften und Abschussprämien wurden die Bessunger jedoch Herren dieser Plage, Bebauung und Straßen taten ein Übriges. Seitdem gehört der Hase zum Wappen Bessungens. Bis ins Jahr 2006 hing ein echter (toter) Hase während der Bessunger Kerb am Kirchweihbaum, wurde jedoch durch einen Stoffhasen ersetzt.

Aber auch die Bessunger selbst werden im Volksmund heute noch »Lappinge« genannt, ein echter Bessunger ist und bleibt halt ein Lapping. *»Honni soit qui mal y pense!«* (Ein Schuft, wer sich Schlechtes dabei denkt.)

Adresse 64285 Darmstadt-Bessungen | **ÖPNV** Straßenbahnen 1, 6, 7, 8, Haltestelle Bessunger Straße, oder Linie 3, Haltestelle Orangerie | **Tipp** Nach der Lapping-Windows-Sightseeing-Tour kehrt man am besten im Äppelwoi-Lokal »Heiping« (Name setzt sich aus Heiner und Lapping zusammen) ein (Hermannstraße 7).

69_Little Walter

Kleiner Mann – ganz groß

Vor dem alten Jagdhof in Bessungen steht eine überlebensgroße Plastik des legendären Blues-Harp-Spielers Little Walter. Warum ausgerechnet hier, wo das Darmstädter Jazzinstitut untergebracht ist? So fragen wohl nur Puristen, aber Blues und Jazz liegen doch gar nicht so weit auseinander, oder?

Was B. B. King für das Gitarrenspiel der meisten vom Blues beeinflussten »modernen« Gitarristen bedeutete, war Little Walter (1930–1968) für die Blues-Harmonika. Er war der Erste, der die Harmonika über Mikrofon und Gitarrenverstärker spielte und so einen verzerrten Klang produzieren konnte, der wie der Sound einer Gitarre oder eines Saxofons klang und der richtungsweisend für die Spielweise der Harp im Blues und Rock 'n' Roll wurde. Er spielte mit Muddy Waters, viele seiner Kompositionen wurden gecovered – Johnny Winter hatte immer wieder »Last Night« im Live-Repertoire – oder sind einfach wichtige Stücke für Musiker, die ihre Wurzeln im Blues sehen: Keith Richards hört »Blue and Lonesome«, John Mayalls Art, die Blues Harp zu spielen, erinnert doch stark an Little Walter.

Der Erfolg bekam ihm nicht, der kleine große Mann wurde zusehends aggressiver, streitsüchtig sowie rechthaberisch und war des Öfteren in Schlägereien verwickelt. Er lebte sein Leben *on the fast lane*, in seiner letzten Schlägerei bekam er derart eins auf die Nase, dass er aufgrund von früheren Verletzungen daran verstarb.

Der Bildhauer Detlef Kraft, selbst Musiker, hat sieben Jahre an dieser Plastik gearbeitet. Sie wurde von der Stadt auf Wunsch des Jazzinstituts gekauft und hier aufgestellt. Neben der Sammlung des »Jazzpapstes« Joachim-Ernst Berendt beherbergt das Institut das größte öffentliche Jazzarchiv Europas. Hier finden in regelmäßigen Abständen Konzerte internationaler Künstler statt, nicht nur von Größen aus dem Jazz. Little Walter hat hier einen guten Platz gefunden, nun kann er es vielleicht etwas ruhiger angehen lassen!

Adresse Bessunger Straße 88d, 64285 Darmstadt-Bessungen, Tel. 06151/963700 | **ÖPNV** Straßenbahn 3, Haltestelle Orangerie | **Tipp** Wem jetzt noch der Sinn nach mehr Jazz steht, der kann einem Konzert im Kellergewölbe des »Achteckigen Hauses« lauschen (Mauerstraße 17, www.jazzclub-darmstadt.de).

70 Die Ludwigshöhe

Einstiger Luftkurort in Bessungen

246 Meter hoch ist der Bessunger Hausberg, oben stehen ein Turm, der noch 28 Meter höher emporragt, ein Restaurationsbetrieb, eine Volkssternwarte und eine Außenstelle der Bundesnetzagentur, alles wie versteckt im Wald. Verkehr gibt es dort kaum, nur viele Jogger, Wanderer und Radfahrer, deren Wege sich auf der großen Fläche kreuzen oder die sich hier ausruhen. Sie haben diese Idylle für sich gefunden, vielleicht ohne zu wissen, welche Geschichten der kleine Berg erzählen kann.

Früher hieß er Milchberg oder Kirchberg und galt schon lange als beliebtes Ausflugsziel der Darmstädter. Großherzog Ludewig I. wurde 1818 dann endlich Namenspatron der Anhöhe. Ab 1852 wurden kleine Ausschankbetriebe ausgebaut, dazu kamen ein »Kurhaus« und ein Fremdenwohnheim, das später abbrannte. 1882 erfolgte die Einweihung des Turmes. Um die Attraktivität auch im Winter zu steigern, wurde 1900 in Richtung des 1951 gebauten Jefferson Village an der Cooperstraße eine Bobbahn angelegt, auf der waghalsige Geschwindigkeiten zu schweren Unfällen führten. (Noch heute erinnert eine Gedenktafel auf dem 2002 eingezäunten und seit 2008 verlassenen Areal der US Forces an einen Unfall im Jahr 1909, bei dem drei Soldaten ums Leben kamen.) Dennoch wurde die Restauration auf dem Berg zu einem großen Hotel erweitert, das sich sogar als »Luftkurort« bezeichnete. Eine vom Reichsarbeitsdienst 1936 erbaute Skisprungschanze lockte noch mehr Besucher auf den Berg, sie blieb bis in die 1950er Jahre in Betrieb.

1940 wurden Baracken für die Luftwaffe, ein Flugleitstand und ein Bunker auf der Höhe errichtet. Im Zuge von Hitlers »Nero-Befehl« sprengte die Wehrmacht die Hotelanlage. Die Ruinen wurden nach dem Krieg beseitigt, die Hänge wurden renaturiert. Von der restaurierten Aussichtsterrasse bietet sich dem Besucher heute ein weiter Blick über Darmstadt und die Rheinebene, schattige Tische und Bänke laden zum Verweilen ein.

Adresse Ludwigshöhe, 64285 Darmstadt-Bessungen | ÖPNV Straßenbahn 1, Haltestelle Marienhöhe, dem Waldweg gegenüber der Haltestelle bergauf folgen, die Heinrich-Delp-Straße überqueren und weiter auf dem Pfad | Tipp Wem die Betriebsamkeit auf der Höhe zu viel wird, der findet bei einem Besuch in dem Skulpturengarten etwas unterhalb der Ludwigshöhe interessante Anblicke und Ruhe (Auf der Ludwigshöhe 202).

71 Die Magdalenenstraße

Ein Hauch von Renaissance in Darmstadt

Nach den verheerenden Bombenangriffen durch die Royal Air Force in der Nacht vom 11. auf den 12. September 1944 lagen etwa 99 Prozent der Darmstädter Altstadt in Schutt und Asche. Mit einer schmucken mittelalterlichen Altstadt kann Darmstadt also nicht mehr trumpfen. Einen kleinen Rückblick auf die 500 Jahre alte Stadtgeschichte gewähren jedoch die Alexanderstraße und die Magdalenenstraße. Von unschätzbarem Wert sind daher die wenigen original erhaltenen Häuser der alten Vorstadt, die mit ihren charakteristischen Schweif- und Volutengiebeln eine ungefähre Vorstellung vom Stadtbild des 16. und 17. Jahrhunderts vermitteln.

Unter der Herrschaft Georgs I., der unter anderem durch Weinanbau und Seidenspinnerei der Stadt einen wirtschaftlichen Aufschwung brachte, stieg nicht nur die Anzahl der Hofbeamten und Bediensteten, sondern auch die Gesamtbevölkerung verzeichnete einen steten Zuwachs. Neuer Wohnraum musste her, sodass man mit einer systematischen Erweiterung jenseits der Stadtmauer der Altstadt begann. Das neue Viertel wurde nach fortschrittlichen Planskizzen angelegt, breite und gerade Straßen sollten es sein und gleich geschnittene Grundstücksparzellen. Die Bauordnung schrieb außerdem vor, repräsentative Steinfassaden mit charakteristischen Schweifgiebeln zur Straßenseite hin zu bauen, Hofeinfahrten mit dahinter befindlichen Scheunen, Ställen und kleinen Gärtchen.

Das Ergebnis konnte sich sehen lassen: Schicke Stadthäuser auf beiden Straßenseiten zeugten vom offensichtlichen wirtschaftlichen Wohlstand und der gesellschaftlichen Position der Besitzer. Heute haben unter den Giebeln in der Magdalenenstraße kleine, aber feine (Kunst-)Handwerker ihre »Wirkstätten«: ein Buchbinder, der noch alles mit der Hand bindet, eine Schmuckmanufaktur für exklusiven Schmuck und schöne Messer und ein Laborfachgeschäft für jedermanns Bedarf – eine Rarität in Deutschland.

Adresse hinter dem darmstadtium, 64289 Darmstadt-Mitte | **ÖPNV** fast alle Straßenbahnen, Haltestelle Schloss | **Tipp** Ein architektonisches Kontrastprogramm des 20. und 21. Jahrhunderts findet man direkt gegenüber und in der Nähe: Besonders interessant sind die alte Maschinenhalle von Wickop am Kantplatz und der streng symmetrische Klinkerbau der Universitätsbibliothek, der an gigantische Bücherregale erinnern soll.

72 Die Mammutbäume

Baumriesen als Hüter der Vergangenheit

»Welch ein Gigant!«, das ist wohl der erste und treffendste Ausruf, der dem Besucher beim Anblick dieses Riesenmammutbaums entfährt. Diese immergrünen Nadelbäume gehören zu den ältesten und größten Bäumen der Erdgeschichte. Als die Könige und Herrscher in Mitteleuropa zu Beginn des 19. Jahrhunderts von den ersten Händlern von diesen wundersamen Giganten hörten, mussten auch sie den König unter den Bäumen besitzen.

Ein Prachtexemplar steht in unmittelbarer Nachbarschaft zum Neuen Mausoleum, der Grablege der Familie des letzten Großherzogs, und dem bekannten Engelsgrab der Prinzessin Elisabeth auf der Rosenhöhe. In majestätischer Erhabenheit streckt er sein gewaltiges Geäst wie einen schützenden Schirm über diesen Ort friedlicher Stille.

Anfang des 19. Jahrhunderts wurde diese weitläufige Anlage von Großherzogin Wilhelmine von Hessen-Darmstadt in Auftrag gegeben, sie wünschte sich einen Landschaftspark als privates Refugium, ganz im englischen Stil, mit Baumgruppen, sich schlängelnden Wegen, Blumen, Wiesenmeeren und architektonischen Kleinoden wie Pavillons und Teehäuschen, die auch heute noch bewundert werden können. Exotische Bäume wie dieser Gigant, aber auch die Kalifornische Flusszeder, der Tulpenbaum, der Riesenlebensbaum oder die Scheinzypresse, um nur einige zu nennen, sollten einen wesentlichen Bestandteil dieser Anlage bilden. Nach dem Tod ihres Töchterchens Elisabeth Karoline 1826 im zarten Alter von fünf Jahren und dem darauffolgenden Bau des Alten Mausoleums wurde aus diesem Teil des Parks eine Grabstätte.

Der heutige Besucher der Rosenhöhe kommt vor allem wegen des weit über Darmstadt hinaus bekannten Rosariums, das ursprünglich nicht geplant war. Zur Zeit der Rosenblüte mit über 10.000 Pflanzen findet er hier eine überwältigende Farbenpracht mit betörendem Duft und jederzeit auch Ruhe und Zerstreuung abseits der lebendigen Stadt.

Adresse Hauptportal Löwentor zum Park Rosenhöhe, Wolfskehlstraße, 64287 Darmstadt-Ost | **ÖPNV** Bus F, Haltestelle Spessartring | **Anfahrt** Parkplätze rund um den Ostbahnhof oder in der Erbacher Straße | **Tipp** Der Ostbahnhof wurde im Stile eines Taiga-Bahnhofs gebaut, damit die Großherzöge ihre Verwandtschaft aus der Zarenfamilie standesgemäß empfangen konnten. Jedoch ist nie ein Mitglied der Zarenfamilie an diesem Bahnhof angekommen.

73 Maruhn – Welt der Getränke

Getränke der Welt

Sie heißen Lucky Buddha, Tiger, Chinggis, Double Hop Monster, oder schlicht Old Tom, manche kommen aus fernen Ländern, von manchen hat man schon mal irgendwo gehört, viele sind jedoch völlig unbekannt. Die Rede ist von nur einigen Bieren, die es im Sortiment des Getränkegroßhandels Maruhn gibt. »Welt der Getränke«, Getränke der Welt! Man hat den Eindruck, hier gibt es nichts, was es nicht gibt!

Über 1.300 verschiedene Biersorten aus 63 Ländern sind ständig »auf Lager«, dazu mehr als 100 verschiedene Gins, die etwa 450 Sorten Whisk(e)y kommen aus exquisiten Destillen. Manche Rarität kostet über 1.000 Euro. Hier gibt es das stärkste Bier der Welt (57 Prozent). Überhaupt ist Bier der Schwerpunkt im Mahrun, insbesondere das Craft Beer. Kurz gefasst ist Craft Beer handwerklich hergestelltes Bier. Beim Craft Beer bestimmt der Braumeister durch seine Vorstellung den besonderen Geschmack des Bieres. Großbrauereien wollen möglichst viel von ihrem Gebräu verkaufen, eine Craft-Beer-Brauerei möchte ein aromatisches, ausgefallenes Bier herstellen. Dass diese Brauereien kleinere (regionale) Brauereien sind, ist in der Regel, aber nicht zwangsläufig der Fall.

Mit einem Getränkehandel in einer Tankstelle fing alles an: »Biere aus aller Welt« sollten es sein. Dem Import aus anderen Ländern stand jedoch zunächst das altehrwürdige deutsche Reinheitsgebot im Wege. Also wurden die Biere zu »alkoholischen Getränken« deklariert, und schon konnte der Bierimport Fahrt aufnehmen. 1974 wurde Maruhn im Guinnessbuch der Rekorde als »größter Bier- und Mineralwassermarkt der Welt« aufgeführt. Maruhn ist weit über Darmstadts Grenzen für die »Whisky-Tastings« bekannt, die regelmäßig ausgebucht sind, Connaisseurs und Sammler aus aller Welt kommen vorbei, zu den Heimspielen der »98er Lilien« decken sich Fans beider Mannschaften hier gut ein, um schon mal kräftig die Kehlen zu ölen!

Adresse Pfungstädter Straße 174, 64297 Darmstadt-Eberstadt, Tel. 06151/428800 | Anfahrt A 5 Ausfahrt Eberstadt, links abbiegen auf die B 426, an der nächsten Kreuzung links auf die Pfungstädter Straße | Tipp Ausgefallenes und nicht alltägliches Spielzeug für die kleinen Racker gibt es in der »Spielkiste« (Pfungstädter Straße 23, Mo–Sa 9.30–13 Uhr, Di, Do, Fr 15–18 Uhr).

74 Die Matthäuskirche

Moderne Malereien im Kirchenraum

Betritt man Kirchenräume, so ist man oft schon fast erschlagen ob der prunkvollen, zuweilen auch pompösen sakralen Ausstattung dieser Gotteshäuser. Ganz anders ist der Eindruck, den der Besucher beim Eintritt in die unter Denkmalschutz stehende Matthäuskirche erhält. Etwas dunkel und düster, aber doch sehr eindrucksvoll öffnet sich die einschiffige, von hölzernen Bögen getragene Hallenkirche, die ihrer Bauart nach auch als Montagekirche bezeichnet wird.

Nicht weniger interessant ist die restliche Kirchenausstattung: Der Besucher wird vergeblich Ausschau halten nach prächtigen Altären, farbenfrohen Glasfenstern, Kanzeln oder Deckenfresken, die von der Herrlichkeit der himmlischen Scharen künden. Der einzige Kirchenschmuck ist dafür umso eindrucksvoller. Auf unverputztem roten Ziegelstein werden einzelne Szenen aus dem Matthäus-Evangelium präsentiert, mit Kreide von Will Sohl im Jahre 1954 ausgeführt, und dazu noch in expressionistischer Manier – Picasso und Cézanne lassen grüßen! In sehr reduzierter und vereinfachter Form werden die Körper der Figuren wiedergegeben, umso eindringlicher sind ihre Gesichter, ihre Mimik und Gestik. Auch die Farbigkeit ist stark zurückgenommen: Rotbraun und Ockertöne herrschen vor, lediglich ein zartes Grün und Blau belebt das dunkle Farbkolorit.

Fast schon spektakulär sind auch die Umstände, unter denen diese Kirche entstanden ist: Sie gehört zu den insgesamt 48 in Deutschland existierenden Notkirchen, die nach dem Konzept des berühmten Kirchenbaumeisters Otto Bartning gebaut wurden. Wie der Name es bereits erahnen lässt, ist dieser Typus Kirche nach den Zerstörungen im Zweiten Weltkrieg aus der Not heraus entstanden. Die Matthäuskirche wurde 1948 in Eigeninitiative der Gemeinde aus Schuttresten und serienmäßig vorgefertigten Einzelteilen erbaut, diese Leichtbauweise gehörte zum damals revolutionären Konzept Bartnings.

Adresse Matthäusgemeinde Heimstättensiedlung, Heimstättenweg 77–79, 64295 Darmstadt-West, Tel. 06151/307451 | **ÖPNV** Bus H, Haltestelle Am Kaiserberg | **Öffnungszeiten** Mo–Fr 11–19 Uhr | **Tipp** Uschis Lädchen (Uschi ist eine Heimstätten-Ikone) ist ein moderner Tante-Emma-Laden, in dem man auch Kaffee oder einen Döner Kebab bekommt (Heimstättenweg 83).

75 Die Maulbeerallee

Weißes Gold auch in Darmstadt?

Einst war Seide eines der begehrtesten und teuersten Handelsgüter aus dem Reich der Mitte, das häufig auch als Zahlungsmittel benutzt wurde. Über die Seidenstraße gelangte sie von China nach Europa, wo sie besonders von Kaisern, Königen und dem Adel heiß begehrt war. Die Ausfuhr des »weißen Goldes« in Form von Eiern oder Raupen war unter Todesstrafe verboten. Tatsächlich wird die Seide aus den Kokons des Maulbeerspinners – eines Schmetterlings – gewonnen; genauer gesagt aus der ultrafeinen, aber festen und vor allem schier endlosen (bis zu 900 Meter langen) Faser des Kokons. Und damit die kleinen Raupen auch fleißig spinnen können, bedarf es der richtigen Nahrung, nämlich der Blätter des Maulbeerbaums.

Vielleicht haben wir es den Römern zu verdanken oder doch zwei persischen Mönchen, die Larven und Teile des Maulbeerbaums nach Europa schmuggelten, jedenfalls fand doch irgendeine Raupe den Weg nach Europa. Städte wie Lucca konnten im 13. Jahrhundert Macht und Einfluss durch die Seidenproduktion gewinnen, und auch in Deutschland ließen Fürsten im 17. und 18. Jahrhundert zahlreiche Maulbeerbäume (allein 80.000 Bäume in der Pfalz) anpflanzen.

Fast ein Jahrhundert früher, nämlich 1583, soll Landgraf Georg I. die Idee gehabt haben, auch in Darmstadt eine Maulbeerbaumallee anzulegen, um die Seidenraupenzucht zu ermöglichen. Den Quellen zufolge soll er in Venedig zwei Schachteln Seidenraupen gekauft haben; um die Aufzucht der 400 Bäume sollte sich ein Pfleger, ebenfalls aus Italien importiert, kümmern. Während seiner Feldzüge ließ Napoleon die meisten Maulbeerbäume »köpfen«, und spätestens seit der Erfindung der Kunstseide 1938 fand die Seidenraupenproduktion ein Ende. Auch wenn die heutigen Bäume nicht mehr die ursprünglichen sind, ist die Allee von fast einem Kilometer Länge ein kulturhistorisches Denkmal, das unbedingt erhaltenswert ist und nicht verändert werden darf.

Adresse Maulbeerallee, 64291 Darmstadt-Arheilgen | **ÖPNV** Straßenbahnen 6, 7, 8, Haltestelle Maulbeerallee | **Tipp** Wer Lust hat, begibt sich auf den Fühl- und Tastpfad der »Kinder- und Jugendfarm«, die mit tiergestützter Erlebnispädagogik für Klein und Groß aufwartet, Maulbeerallee 59.

76 Der Melitabrunnen

Großherzogliche Schadensbegrenzung eines Skandals

Es waren einmal Cousin und Cousine. Sie waren füreinander bestimmt; dies war der ausdrückliche Wunsch ihrer Großmutter, und die war immerhin *Her Majesty Queen Victoria*. Enkel und Enkelin waren nicht sonderlich begeistert, ohnehin hatte sich die verplante Braut bereits in einen anderen verguckt. Aber Widerspruch kam bei dieser Oma nicht in Frage, und so fand am 19. April 1894 die Vermählung von Großherzog Ernst Ludwig von Darmstadt-Hessen und Herzogin Victoria Melita von Sachsen-Coburg und Gotha statt. Fast der gesamte europäische Hochadel war bei dieser Traumhochzeit vertreten.

Glücklich wurden sie nicht: Ernst Ludwig, eher zurückhaltender Feingeist, versuchte, seine Rolle als verantwortungsvoller Regent mit seinen künstlerisch-musischen Neigungen zu vereinbaren. Melita hingegen, spontan und weniger begeistert über ihre öffentlichen Pflichten, setzte sich auch gern über gesellschaftliche Konventionen hinweg. Es kam, wie es kommen musste: Sie entfremdeten sich; Ernst Ludwig ging mehr und mehr in der Vaterrolle für seine geliebte Tochter Elisabeth auf, Melita dagegen suchte immer öfter Trost und Ablenkung auf langen Ausritten.

Zudem fand Melita eines Tages, so wird berichtet, Ernst Ludwig im Bett mit einem Küchenjungen vor. Solche Affären mit dem Personal sind wohl öfter vorgekommen. Queen Victoria *was not at all amused*, eine Scheidung der beiden kam für sie jedoch nicht in Betracht. Erst nach dem Tod der Queen wurde die zerrüttete Ehe von Ernst Ludwig und Victoria Melita 1901 endlich aufgelöst; ein Skandal in der Royal Family!

Zur Schadensbegrenzung wurden fast alle Spuren, die Melita in Ausübung ihres öffentlichen »Amtes« hinterlassen hatte, aus Darmstadts Stadtbild getilgt; einzig der Melitabrunnen bei Eberstadt wurde schlichtweg vergessen. Heute ist der Brunnen mit seinem kühlen Trinkwasser ein beliebtes, schattiges Etappenziel für Mensch und Tier.

Adresse 64297 Darmstadt-Eberstadt, Fußweg vom Parkplatz hinter der Frankenstein-Schule in der Heinrich-Delp-Straße 187, links halten (Wegweiser), dem Weg hügelaufwärts folgen, an der Kreuzung nach etwa 1,5 Kilometern befindet sich rechts am Waldrand der Brunnen | **ÖPNV** Straßenbahnen 1, 7, 8, Haltestelle Von-Ketteler-Straße | **Tipp** Kaffee, Kuchen und Kultur (viel anspruchsvolle Livemusik) – diesen drei K frönt man im »Kaffee-Haus Eberstadt«, Heidelberger Landstraße 260.

77_Die Menhire in den Wiesen

Operation Hinkelstein in Darmstadt

Bereits Obelix, der Dicke aus der Comicserie »Asterix und Obelix«, wusste schon um die Bedeutung des Hinkelsteins, wie der Menhir (langer, unbearbeiteter und aufrecht stehender Stein) gemeinhin besser bekannt ist. Neben der Wildschweinjagd und dem Verprügeln von Römern beschäftigte er sich vorzugsweise mit dem Behauen der Hinkelsteine, für die er unter den Galliern gute Abnehmer fand.

Auch in Darmstadt kann man sich auf eine Zeitreise in die früheste Geschichte, nämlich die Jungsteinzeit, begeben und auf eine in dieser Region einzigartige Menhiranlage der Megalithkultur treffen. 1967 entdeckte der Roßdorfer Heimatforscher Heinrich Gunkel diese Anlage, die ursprünglich aus 14 Granitporphyr-Steinen bestand. Heute befinden sich dort noch insgesamt sieben Steine von einer Höhe bis zu einem Meter. Sechs davon sind kreisähnlich angeordnet, was die Forschung zu der Annahme geführt hat, dass es sich hierbei womöglich um ein »Cromlech«, also eine Steinkreisanlage, gehandelt haben könnte. Weitere solcher Steinkreise findet man in Mecklenburg, in der Schweiz, auf den britischen Inseln und vor allem in der Bretagne, man denke nur an Carnac! Über die genaue Funktion solcher Steinkreise ist man nicht unterrichtet, eine kultisch-rituelle Nutzung ist jedoch gewiss. In Anbetracht der Schwere solcher Steine (und circa 3000 vor Christus war man fast ausschließlich auf Muskelkraft angewiesen) kann man davon ausgehen, dass sie eine wichtige Rolle für die damaligen Menschen gespielt haben müssen.

Erst seit 2011 ist diese Menhiranlage auch der Öffentlichkeit zugänglich, wie das gesamte Gebiet steht sie unter Naturschutz. Als rätselhafte Zeugnisse frühester menschlicher Kultur haben solche mythischen Stätten seit jeher eine hohe Anziehungskraft ausgeübt, und an einem nebelverhangenen Herbstmorgen kann man sich nicht des Gefühls erwehren, inmitten eines ganz besonderen Kraftfeldes zu stehen.

Adresse »Hirtenwiese« zwischen Darmstadt und Roßdorf | **Anfahrt** B 26 Richtung Roßdorf, Abfahrt Roßdorf-West, nach der Kurve gleich links auf den Parkplatz beim Bessunger Forsthaus, über die Gleise der Museumsbahn, durch die Unterführung unter der Schnellstraße, dann geradeaus, am Heuweg rechts, über die Hirtenwiese, nach der Brücke über den Bach rechts, dann nach 80 Metern auf der rechten Seite | **Tipp** Empfehlenswert ist eine Wanderung mit oder ohne Führung durch dieses schöne Naturschutzgebiet, wo sich Hase und Fuchs Gute Nacht sagen (Führungen auf www.menhire.de).

78 Merck – die Gedenktafel

Und ein »Wunderhorn« voller Talente und Erfolge

Merck gehört zu Darmstadt wie das Gelbe zum Ei: Man trifft allenthalben auf diesen Namen. Sei es in Geschichten um den Geheimrat Goethe, als Stele vor der Bibliothek (siehe Foto), beim Ausflug ins ferne Sibirien, wenn der Kopfschmerz nagt oder die Insomnia plagt, wenn man zum Fußballspiel geht oder vor dem Flatscreen chillt.

Die Wiege des ältesten pharmazeutischen Unternehmens der Welt stand in der heutigen Engel-Apotheke am Schlossgraben. 1668 erwarb sie ein Friedrich Jakob Merck aus Schweinfurt. Etliche Generationen führten die Apothekertradition fort. (Bis heute ist die Apotheke im Familienbesitz der weitverzweigten Familie Merck.)

Der »Schöngeist« Johann Heinrich (1741–1791) war Verleger, Schriftsteller, Naturforscher und enger Freund Goethes, der mit ihm im »Kreis der Empfindsamen« war. Er war maßgeblich an der Herausgabe der zweiten Auflage des »Götz« beteiligt; ihm zu Ehren verleiht die Deutsche Akademie für Sprache und Dichtung alljährlich den Johann-Heinrich-Merck-Preis. Carl Heinrich Merck wurde ein anerkannter Naturforscher. Er unternahm weite Reisen, 1785 sogar bis nach Ostsibirien, um dort zu forschen und zu kartografieren.

Die Gründung des traditionsreichen Unternehmens Merck erfolgte 1850 durch Heinrich Emanuel. In der langen Geschichte des Unternehmens sind etliche weltweit bekannte Medikamente entwickelt worden: 1894 das erste Schilddrüsenhormon, das Schmerzmittel Pyramidon, das erste Barbiturat Veronal, 1912 als »Nebenformel« MDMA, der Wirkstoff von Ecstasy (die psychotrope Wirkung wurde erst später entdeckt, Merck hat MDMA nie vermarktet), Nasivin, Aconcen (das erste Mittel zur Empfängnisverhütung) und viele andere Substanzen, die das moderne Leben so angenehm machen. Merck ist Weltmarktführer in der Herstellung von Flüssigkristallen für Displays aller Art, an denen wirklich kein Weg mehr vorbeiführt. Merck schenkt, sponsert und stiftet. Das »merckt« man einfach!

Adresse Kaplaneistraße (neben Stadtbibliothek), 64283 Darmstadt-Mitte | ÖPNV fast alle Straßenbahnen, Haltestelle Schloss | Tipp Die Andachtsstätte Kapellplatz besteht aus der Ruine der Stadtkapelle mit vereinzelten Grabsteinen und interessanten Skulpturen.

79 Die Mettegangsiedlung

»Alarm! Alarm!« in der Waldkolonie

Als der neue Darmstädter Bahnhof 1912 am heutigen Standort gebaut werden sollte, hatte Friedrich Mettegang (1854–1913), Stadtbaurat aus Mainz und Koordinator des neuen Bahnhofprojekts, schon 1911 eine Siedlung mit Häusern nördlich des heutigen Dornheimer Wegs, damals nur ein Feldweg, fast fertiggestellt. Die Siedlung war gedacht für Arbeiter der damaligen Reichsbahn, besonders aber als Unterkunft für eine Art *task force* von Spezialisten, die nahe dem neuen Bahnhof wohnen sollten. Denn gab es Notsituationen wie Entgleisungen, Brandfälle oder Unglücke am Bahnhof oder auf der Strecke, so konnte dieser Spezialtrupp bei Alarm kurzzeitig ausrücken und Passagiere retten oder Schäden vor Ort reparieren. Die Häuser und Wohnungen waren über Alarmleitungen mit dem Hauptbahnhof verbunden und wurden deshalb von den Bewohnern auch »Alarmhäuser« genannt.

Mettegang war inspiriert von Ebenezer Howards sozialreformerischer Idee der englischen Gartenstädte, die zu Beginn des 20. Jahrhunderts auch in Deutschland »in Mode« kamen: geräumige Ansiedlungen außerhalb der großen Städte, mit großzügigen Grünflächen und Gärten zur Selbstversorgung, sauber und genossenschaftlich. Und wie durch Alarm gesichert, überstand die »Mettegangsiedlung« den Krieg unversehrt und wurde 1994 unter Denkmalschutz gestellt.

Südlich des Dornheimer Wegs entstanden zwischen 1920 und 1925 Häuser der Eisenbahner-Baugenossenschaft. Die Häuser waren mit Ställen und großen Gärten ausgestattet, die zur Selbstversorgung der Familien gedacht waren. Besondere Merkmale dieser Ansiedlung sind die »krummen« Straßen mit kleinen Plätzen, Gärten und der einheitlichen Bauart der Häuser, gut zu erkennen im Illigweg. Heute ist die Waldkolonie um den Dornheimer Weg eine moderne Gemeinde mit wachsender Infrastruktur, in der das Zusammenleben unterschiedlicher Ethnien und Religionen beispielhaft funktioniert.

Adresse Rabenaustraße, 64293 Darmstadt-West (»Waldkolonie«) | **ÖPNV** Bus F oder zehn Minuten Fußweg vom Hauptbahnhof | **Anfahrt** A 5/A 67 Abfahrt Darmstadt, rechts abbiegen in Richtung ESA/ESOC/Waldfriedhof auf den Eifelring, geradeaus, am Ende rechts abbiegen auf den Dornheimer Weg | **Tipp** Das alte Schalthaus, ehemaliges Schalthaus der Hessischen Elektrizitätswerke, ist heute ein Restaurant (Rodensteinweg 2/Ecke Dornheimer Weg, Di–Fr 17–23 Uhr).

80_Die Mosaikpflasterungen

Teppiche aus Stein

In einer asphaltierten Welt geht der Blick des Spaziergängers in aller Regel nicht gen Boden – dies sollte sich jedoch angesichts der Vielzahl an originellen Mosaikpflasterungen, die sich an vielen Stellen in Darmstadt befinden, schleunigst ändern. Wahrlich kleine Kunstwerke sind da nämlich zu entdecken, die zu den schönsten in ganz Deutschland gehören.

Was heutzutage schon fast einen Hauch von Luxus besitzt (die meisten Steinbrüche wurden in den 60er Jahren geschlossen, Mosaiksteine sind heute teure Importware, und die Verlegung der Steine ist zudem eine alte Handwerkskunst, die auch nicht mehr von jedem beherrscht wird), zählte Ende des 19. Jahrhunderts zum durchaus kostengünstigen Werkstoff. Zumal man recht schnell erkannte, dass Mosaikverlegung als Straßenbodenbelag auch noch weitere Vorteile mit sich brachte. Einmal verlegt, war sie bei Regengüssen durchlässig, sodass man trockenen Fußes die Straßen passieren konnte. Wurden die Steine zudem noch eben verlegt, und davon kann man bei diesen qualitativ hochwertigen Pflasterungen ausgehen, so war man vor Stolpern, Straucheln, Verstauchungen, gar Brüchen sicher.

Verwendet wurde roter und gelber Sandstein, gelber und cremeweißer Kalkstein, grauer Basalt oder roter und lilabrauner Porphyr, je nach Gusto der Hausbesitzer, die häufig für die Beläge vor ihren Häusern selbst aufkamen. Sie hatten zudem noch Mitbestimmungsrecht im Hinblick auf das Muster, das sich im Stil der Häuserarchitektur anpasste, galten doch die Pflasterungen als dem Haus zugehörig. Besonders schöne Beispiele von Mosaikpflasterungen findet man am Alexandraweg, unterhalb der Mathildenhöhe und im Paulusviertel. Wie Teppiche mit schlichten geometrischen Mustern aus weißen Kalksteinstreifen und schwarzem Basalt geleiten sie die Fußgänger sicher ihrer Wege und bieten gleichzeitig kleine wertvolle Abwechslungen im Trott der alltäglichen Routine.

Adresse Hauptbahnhofplatz, Bismarckstraße, Johannesplatz, Mathildenhöhe, 64293 Darmstadt-Mitte, Paulusviertel und Orangerieallee, 64285 Darmstadt-Bessungen | **ÖPNV** Busse KU und F, Haltestelle Mathildenhöhe | **Tipp** Die Plattform auf Ebene 7 im Hochzeitsturm auf der Mathildenhöhe, Olbrichweg 13, bietet einen großartigen Panoramablick über Rhein-Main.

81_Das Oberfeld

Gemüse – self grown

Manche werden sich an die »Wunderstute« Halla erinnern, die 1956 in Stockholm den von Schmerzen gepeinigten Hans Günter Winkler zur Goldmedaille der Springreiter führte. Halla, 1945 auf dem Hofgut Oberfeld geboren, erhielt dort ihr Gnadenbrot, bis sie im Alter von 34 Jahren über die »Regenbogenbrücke« ging.

Das Oberfeld hat eine abwechslungsreiche Geschichte hinter sich: Ackerbau ist seit 1110 belegt, nach Silber und Kupfer wurde gesucht, aus Steinbrüchen am Südrand wurden bereits seit dem 16. Jahrhundert Steine für die Stadtmauer gebrochen. Die Steinbrüche, später beliebte Versammlungsorte der Hitlerjugend, wurden mit Ruinenschutt aus dem Krieg aufgefüllt. Nach der Brandnacht 1944 fanden Überlebende hier Zuflucht, sie lebten in notdürftig errichteten Hütten oder gar auf der nackten Erde. Kriegsheimkehrer fanden Arbeit und eine neue Existenz auf den Feldern. Zum Glück wurde der Bau einer Satellitenstadt auf dem Oberfeld verhindert; es bleibt Frischluftschneise, Naherholungsgebiet und beliebtes Ausflugsziel für die Städter.

Das Feld ist die größte noch landwirtschaftlich genutzte Fläche innerhalb des Stadtgebiets. Ein moderner Demeter-Hof mit Vieh, Bäckerei und Käserei sowie einem Hofladen liefert saisonales Obst und Gemüse so, wie es Mutter Erde hervorbringt, nicht gespritzt, nicht gepimpt! 2016 erhielt der Hof den »Bundespreis Ökologischer Landbau«. Im »Lernort Bauernhof« wird Kindern und Jugendlichen der komplexe Zusammenhang von Landwirtschaft, Ernährung und Konsumverhalten vermittelt; für einen eigenen kleinen »Saisongarten« stellt der Hof Parzellen von etwa 70 Quadratmetern zur privaten Bewirtschaftung bereit, inklusive Gerätschaften und ökologischer Beratung. »Gießen, jäten, hacken, ernten!« Aus dem Laden weht der Duft von frischem Holzofenbrot über den Hof, im Café kann man frischen Gemüse- oder Obstkuchen verkosten, ein Muss ist der Windbeutel mit frischer Heidelbeersahne.

Adresse Erbacher Straße 125, 64287 Darmstadt-Ost, Tel. 06151/9504860 | ÖPNV Busse K55 und K56, Haltestelle An der Meierei | Öffnungszeiten Mo–Fr 9–19 Uhr, Sa 9–16 Uhr; das Café hat gesonderte Zeiten | Tipp Auf dem Osthang der Mathildenhöhe befindet sich das im Rahmen des Architektursommers 2014 eröffnete Experimentierfeld, auf dem Bauten und Installationen das etwas andere kreative Darmstädter Potenzial zeigen.

82 Die Oetinger Villa

Nabel der Gegenkultur

An kalten und grauen Novembertagen wirkt die imposante Oetinger Villa inmitten des verwilderten Parks verlassen, dräuend, verwunschen und wie ein trutziges Relikt vergangener Zeiten. Wenn man sich ihr aber in den frühen Abendstunden nähert und von Weitem laute Heavy-Metal- oder Punk-Musik ertönt, wird einem klar, dass das die wilden »Orgien« neuerer Zeit sind.

Auch wenn die Gründerzeitvilla, die 1898 für den großherzoglichen Kammerherrn August Joseph Freiherr von Oetinger erbaut wurde, ein wenig von ihrem herrschaftlichen Glanz eingebüßt hat, sind die vielen interessanten Fassadendetails und das Jugendstiltor der Einfriedung nicht nur für den Architekturinteressierten mehr als sehenswert. Auch die wechselhafte Geschichte, auf die das ehemalige Gutshaus zurückblicken kann, vor allem jedoch die kulturelle Vielfalt, die in diesen altehrwürdigen Räumen gelebt wird, verdienen Beachtung.

Nach dem Ableben der letzten Angehörigen 1960 wurde die Villa der Stadt Darmstadt übereignet und musste seitdem für verschiedene Nutzungen herhalten. Nachdem sie kurze Zeit das Institut für biologische Schädlingsbekämpfung beherbergte, besetzte 1970 die »Initiative Wohnen« das repräsentative Obergeschoss. Ein wahrer Häuserkampf entbrannte, bis die Polizei mit Pulver und Kanone die Räumung vornahm. Seit 1976 hat das städtische Jugendhaus hier seinen Platz (dem Rauswurf und der Übergabe an das Polen-Institut zum Trotz); verschiedene politische und künstlerische Gruppierungen und Initiativen konnten ihrer Subkultur frönen und ganz nebenher weit über 1.000 Konzerte nationaler und internationaler Bands, Discos, Partys, Lesungen und Filmveranstaltungen initiieren. Die Krönung für die Darmstädter Subkulturinstitution erfolgte 2015 mit dem Erhalt des Preises »APPLAUS – Auszeichnung der Programmplanung unabhängiger Spielstätten«. Der phantastische Drache am Treppenaufgang weiß seinen Schatz gut zu bewachen!

Adresse Kranichsteiner Straße 81, 64289 Darmstadt-Nord | ÖPNV Bus H, Haltestelle Am Karlshof, etwa 100 Meter weiter auf der rechten Seite | Tipp Im »Fohlenhof«, einem Restaurant mit Biergarten, genießt man klassische deutsche Küche zu Studentenpreisen mit frischen Produkten aus der Region (Kranichsteiner Straße 90, täglich 16–23 Uhr).

83 Das Papiertheatermuseum

Théâtre en miniature

Was den Menschen heutzutage das Heimkino ist, war im 19. Jahrhundert das Papiertheater. Dabei handelte es sich um Nachbildungen bekannter und beliebter Theaterszenerien, natürlich en détail, mit Porträtähnlichkeit bei den Figuren und alles aus Papier und Pappe.

Der Nachlass des Sammlers und Forschers Walter Röhler enthält eine einzigartige Papiertheatersammlung, die größte Westeuropas. Die genaue Stückzahl lässt sich kaum ermitteln, aber mit circa 4.700 Papiertheaterbögen, die ein Themenspektrum von Dramen, wie beispielsweise »Don Carlos«, über Genredarstellungen bis zu Kindermärchen wie »Aschenbrödel« abdecken, kann sich diese Sammlung wirklich sehen und bestaunen lassen.

Anfang des 19. Jahrhunderts entstand ein großes Interesse an Papierbilderbögen, die den damals aufgeführten Theaterstücken originalgetreu nachempfunden waren, mit Bühnenbildern, Vorhängen, Schauspielern und ihren Kostümen. Aus Liebhaberstücken wurden Wohnungsdekorationen, die in keinem großbürgerlichen Haushalt fehlen durften. Wissensvermittlung, erzieherische Funktion oder schlichtweg Unterhaltung standen dabei im Vordergrund. Da die Verlage häufig Papierbögen samt Textheften lieferten, konnte eine Familie sogleich ihr eigenes Heimkino aufführen: Man schnitt aus, falzte und leimte, die Figurinen konnten mittels Stäben, Drähten, später auch Magneten bewegt werden, fertig war das Theater. Voraussetzung für die Vervielfältigung und weite Verbreitung dieser Bögen waren die Lithografie und das große Interesse am Theater. Die Uraufführung des »Freischütz« 1823 war ein so großer Erfolg, dass 16 Firmen Nachbildungen des Stückes zum Falzen herausbrachten. Anfang des 20. Jahrhunderts erlosch das Interesse recht schnell, sodass die Produktionen eingestellt wurden. Auf circa 40 Quadratmetern Fläche können etwa 80 solcher Papiertheaterszenerien bewundert werden, über 4.600 schlummern noch in Schubladen.

Adresse Papiertheatersammlung Walter Röhler, Darmstraße 2, 64287 Darmstadt-Woogsviertel | ÖPNV Busse K 55 und K 85, Haltestelle Jugendstilbad | Öffnungszeiten Mo 15–17 Uhr, Eintritt frei | Tipp Veranstaltungen verschiedenster Art, auch Figuren- und Puppentheater, bietet das Nachbarschaftsheim im Prinz-Emil-Schlösschen an, Heidelberger Straße 56.

84 Der Pflanzturm

Vom Umtopfen kostbarer Pflanzen

Über 70 Zitruspflanzen stehen während der Sommermonate im Park der Orangerie in Bessungen, die 1719–1721 von Louis Remy de la Fosse gebaut wurde und ein kleines Stück Versailles repräsentiert. Zitruspflanzen waren zu Beginn des 16. Jahrhunderts an den europäischen Fürstenhöfen in Mode gekommen, eigneten sie sich doch vortrefflich zur Repräsentation des Reichtums, denn sie kamen aus fernen exotischen Ländern und waren natürlich sehr teuer. Zudem konnte der Adel mit Bildung kokettieren – man erinnere sich an den Mythos der Hesperiden, die in einem wunderschönen Garten einen Wunderbaum mit goldenen Äpfeln hüteten. Die Äpfel waren sehr kostbar, denn sie verliehen den Göttern ewige Jugend. Der Baum wurde vom Drachen Ladon bewacht, und nur durch eine List gelang es Herakles, die Äpfel zu rauben, Athene brachte sie später an ihren Platz zurück.

Solch kostbare Pflanzen bedürfen der richtigen Pflege. Anfangs waren die Zitrusbäume im Garten noch »stationär« und wurden bei Frost einfach abgedeckt, nach der Erfindung des mobilen Pflanzenkübels durch André Le Nôtre, den »Gärtner von Versailles«, wurden für die empfindlichen Bäume gesonderte Gebäude errichtet, in denen sie warm und hell überwintern konnten. Diese ersten Orangerien, auch Pomeranzenhäuser genannt, waren einfache Konstruktionen, heute würde man Bretterbude dazu sagen.

Zum Umtopfen der schweren Bäume wurde in Darmstadt ein Pflanzturm benutzt. In der Orangerie steht noch ein über 200 Jahre altes Exemplar. Hier wurden die schweren Pflanzen samt Kübeln mit Ketten nach oben gezogen, Holzkübel wurden abmontiert, Tonkübel einfach zerschlagen, und die Pflanze wurde in einem größeren Behälter wieder abgesetzt. Dieser Turm ist einzigartig in Deutschland, ein wenig abseits und versteckt, aber spätestens beim nächsten Osterspaziergang kann man sich gut auf die Suche nach dem steinernen Ungetüm machen.

Adresse Orangerie, Bessunger Straße 44, 64285 Darmstadt-Bessungen | **ÖPNV** Straßenbahn 3, Haltestelle Orangerie | **Tipp** Im Lesegarten finden ab und an Lesungen statt, Termine sind unter www.darmstadt-marketing.de zu erfahren. Im Restaurant »L'Orangerie« mit italienischen Spezialitäten kehren viele Promi-Gäste ein, Tel. 06151/3966446.

85_Die Portalskulpturen

Money, money, money must be funny

Der Paulusplatz ist das Zentrum des Paulus- beziehungsweise Tintenviertels. Wie der Name es bereits erahnen lässt, erfolgte der Broterwerb der einstigen Bewohner dieses Viertels unter Zuhilfenahme des Tintenfasses: Nein, sie waren keine Autoren, sondern Beamte, höhere Angestellte und Universitätsprofessoren. Zu Unrecht jedoch schläft dieses Viertel schon seit dem letzten Jahrhundert einen Dornröschenschlaf, in den gängigen Reiseführern wird es fast vernachlässigt, und wuseligen Touristen begegnet man hier fast nie.

Weithin in Vergessenheit geraten sind wohl erst recht die imposanten Skulpturen und ihre Botschaft am Portal der ehemaligen Landeshypothekenbank (heute Verwaltung der Evangelischen Kirche), die 1908 von dem hauptsächlich in Frankfurt tätigen Künstler Augusto Varnesi ausgeführt wurden. An der sonst sachlichen und schlichten Fassade des imposanten Repräsentationsbaus bildet das Portal einen wahren Blickfang.

Bei den beiden gut gebauten Athleten handelt es sich um die mythologischen Figuren Hermes und Atlas, den starken Himmelsträger. Die rechte Portalfigur ist der schlaue und gerissene Hermes, der Schutzgott der Kaufleute, Banker und Diebe. Ob die Hüter und Behüter der Finanzen wohl wussten, dass einer ihrer Portalhüter bereits im Säuglingsalter seine Karriere als gewitzter Betrüger angefangen hatte?

Die Darstellung beider Figuren an Fassaden von Handelsunternehmen, Versicherungen oder Banken war im 19. Jahrhundert beliebt und stand stellvertretend für Seriosität und Loyalität! Was jedoch Varnesi mit seinen beiden Figuren hier dargestellt hat, ist schon als pikant und provokativ zu bezeichnen. Der sonst mit allen Wassern gewaschene Zeussohn blickt hier fast gelangweilt weg, während Atlas listig seine prall gefüllte Geldkatze zu verstecken versucht. Normalerweise wird der dumme Riese überlistet, was soll uns das wohl sagen? Verkehrte Welt?

Adresse Verwaltung der Evangelischen Kirche Hessen-Nassau (EKHN), Paulusplatz 1, 64285 Darmstadt-Bessungen | **ÖPNV** Straßenbahn 3, Haltestelle Goethestraße, durch den Wolfskehl'schen Park auf die Ohlystraße, geradeaus bis zum Paulusplatz | **Tipp** Inmitten des bebauten Steinbergviertels liegt die »Krafts-Ruhe«, ein Hügel mit urwaldlichem, altem Baumbestand und Granitfindlingen, neben dem Jüdischen Friedhof.

86 Die Porzellansammlung

Von exquisiten Service und Pisspötten

In Zeiten, in denen man Geschirrutensilien bei einem skandinavischen Unternehmen für ein paar Euros ergattern kann, schwindet das Bewusstsein für den Wert des ehemals so hohen und begehrten Kulturgutes, nämlich des Porzellans. Die immerhin zweitgrößte Sammlung Deutschlands (nach der im Zwinger in Dresden) mit circa 4.000 Objekten beherbergt das Prinz-Georg-Palais in seinen Räumlichkeiten – und die ist sehenswert. Ob Meißner, St. Petersburger, Nymphenburger, Höchster, Frankenthaler oder Kelsterbacher Porzellane, die erlesensten Service, Déjeuners (Frühstücksgeschirr), Solitaires und Tête-à-Têtes (Frühstücksgeschirr für zwei) und vieles mehr findet man hier. Auch Profanes, Privates und fast schon Kurioses darf nicht fehlen: Empfanden die hohen (weiblichen) Herrschaften früher ein dringendes Bedürfnis, so musste ein sogenanntes Bourdalou (mit Verlaub »Pisspott«) als Urinal herhalten, und das Ganze wohlgemerkt aus exquisitem Porzellan.

Der Bestand der hofeigenen Manufaktur Kelsterbach bildet mit 150 Stücken sogar die größte Sammlung europaweit und befindet sich im Hinblick auf ihren Wert im Preissegment eines kleinen Sportwagens, pro Service natürlich!

Zu verdanken ist diese Sammlung dem letzten Großherzog Ernst-Ludwig, der 1908 seine umfangreiche Porzellansammlung einer breiten Öffentlichkeit zugänglich machte. Der Besucher erhält nicht nur einen guten Überblick über die Geschichte der Porzellane, vor allem verrät uns jedes Stück etwas über das fürstliche Leben im Allgemeinen, die ganz persönlichen Vorlieben und Gewohnheiten der Besitzer (besonders anschaulich, unterhaltsam und auch frivol in der Porzellan-Figurengruppe »Der entdeckte Liebhaber« zu sehen) und nicht zuletzt etwas über die verwandtschaftlichen Beziehungen und Verflechtungen, die zwischen Hessen-Darmstadt und den anderen europäischen Höfen im 18. und 19. Jahrhundert bestanden.

Adresse Prinz-Georg-Palais, Schlossgartenstraße 10, 64289 Darmstadt-Mitte | ÖPNV Bus L, Haltestelle Friedrich-Ebert-Platz | Öffnungszeiten 1. April–30. Okt. Fr–So 10–17 Uhr | Tipp Nicht ganz so exquisites, dafür ausgefallenes Geschirr und noch mehr findet man im »Grünen Salon«, Robert-Schneider-Straße 20.

87_Das Prettlack'sche Haus

Öffentlicher Leseschrank im historischen Gewand

Öffentliche Bücherschränke gibt es mittlerweile in jeder größeren Stadt, und das wie Sand am Meer, jedoch hat eine öffentliche kleine Bibliothek im Gewande eines historischen Kleinods und dazu noch inmitten eines intimen Gartens schon Seltenheitswert.

2004 ließ der Leiter des Gartens, Stefan Jagenteufl, den Mittelbau des Prettlack'schen Gartenhauses zu einem öffentlichen Lesesaal umgestalten, nachdem er selbst jahrelang darin gelebt hatte. Nach einem Aufruf in der Tageszeitung zur freiwilligen Bücherspende wurden innerhalb weniger Stunden über 14.000 Bücher abgegeben. Ob Liebesromane, Thriller, Historiendramen, Sachbücher oder etwas für die Kleinsten – die Auswahl lässt sich lesen. Die Idee der freien Abgabe und Ausleihe von Büchern ohne Gebühren, Ausleihordnung und Leseausweis geht zurück auf das Konzept der offenen Bibliothek der beiden Künstler Michael Clegg und Martin Guttmann. Das praktische Projekt verließ schnell die »Kunstszene« und konnte erfolgreich in die ganze Welt getragen werden.

Der heutige Besucher der Prettlack'schen Bibliothek kann sich nicht nur an der großen Lektüreauswahl in den vollen Regalen erfreuen, sondern genießt zudem den Vorzug, an schönen Tagen in seinem Lieblingsbuch zu schmökern an einem der lauschigen Plätzchen in einem für Hessen einmaligen, im Rokokostil angelegten Lust- und Nutzgarten.

Das Gartenhaus, ursprünglich für den Generalleutnant Johann Rudolf von Prettlack 1711 wahrscheinlich nach Plänen des damaligen Stararchitekten Louis Remy de la Fosse errichtet, ist ein wahres Schmuckkästchen. Die Fassade mit ihrer illusionistischen Malerei, die aus Girlanden, Ranken und Orangenbaum-Motiven besteht, schien im 19. Jahrhundert fast unwiederbringlich verloren, konnte jedoch 2011 dank zeitgenössischer Vorlagen und Vorgaben rekonstruiert werden, sodass sie für den heutigen Betrachter in voller Blütenpracht erstrahlt.

Adresse im Prinz-Georg-Garten, Schlossgartenstraße 6b, 64289 Darmstadt-Mitte | ÖPNV Bus L, Haltestelle Friedrich-Ebert-Platz | Öffnungszeiten März–Okt. täglich 7–19 Uhr, Nov.–Feb. 8–16 Uhr | Tipp »Pompadour« lässt Frauenherzen höherschlagen! Feinste Secondhand- und Designerklamotten aus Italien und Dänemark für die Frau, Schuhknechtstraße 1.

88 Die Radrennbahn

Hessens Zukunft im Radsport liegt hier

Das Velodrom an der Heidelberger Straße, Heimat des VCD (Velociped-Club Darmstadt), ist die einzige Radrennbahn, die in Hessen noch zur Verfügung steht. Es ist eine Freiluft-Bahn von 333 Metern Länge mit einer Breite von sechs Metern. Die Kurvenüberhöhung beträgt 30 Grad, der Belag ist aus Beton. Den Bahnrekord von 66 Kilometern pro Stunde fuhr Carsten Bergemann am 4. September 2010.

Der Velociped-Club wurde 1899 gegründet, die erste Bahn war jedoch bereits 1894 in Betrieb genommen worden. Ab Winter 1919 trug noch die erste Mannschaft des neu gegründeten Fußballvereins SV Darmstadt 1898 die Heimspiele auf der Rasenfläche innerhalb des Ovals aus, bis 1921 das Stadion am Böllenfalltor eröffnet wurde. Spätestens nach dem Zweiten Weltkrieg ebbte das Interesse am Radrennsport ab, die alte Bahn war zwischenzeitlich ohnehin eingeebnet worden. Nach ausführlichen Renovierungsarbeiten wurde 2007 die neue Bahn eröffnet. Zudem hat der VC hier ein modernes »Landes-Leistungszentrum Radsport« für die Disziplinen Straße, Bahn, MTB und Cross mit einer neuen Halle geschaffen. Seitdem geht es nur noch aufwärts mit dem Radsport in Darmstadt!

Doch nicht nur Radrennfahrer nutzen die Bahn. Zuschauermagneten sind seit 2006 regelmäßige Veranstaltungen wie »Vollgas Rennspaß« – eine »Board-Track«-Oldtimer-Show mit Motorrädern aus den Jahren 1914 bis 1975, kein richtiges Rennen! Der Begriff kommt aus Amerika, wo die Bahnen aus Holzbrettern (boards) waren. Hier findet natürlich auch die Hessenmeisterschaft im Radrennen statt, und übers Jahr werden etliche Rennveranstaltungen durchgeführt. Den Höhepunkt bildet jedoch das »Velodrom in Flammen« im Spätherbst mit unterschiedlichen Rennen, neuerdings auch Steher-Rennen. Den Abschluss dieses jährlichen Spektakels bilden ein Abendrennen auf der illuminierten Bahn und ein Feuerwerk, das, so sagen Kenner, mittlerweile sogar das Feuerwerk des Heinerfests weit in den Schatten stellt!

Adresse Velociped-Club 1899 Darmstadt e. V., Heidelberger Straße 150, 64285 Darmstadt-Bessungen | **ÖPNV** Straßenbahnen 1, 6, 7, 8, Haltestelle Landskronstraße | **Tipp** Veranstaltungen der etwas anderen Art findet man in der Bessunger Knabenschule. Hier wird fast nichts angeboten, was es nicht anzubieten gibt. Ob Krabbelgruppe, Kindergarten, Theateraufführungen, Konzerte, Yoga, Bastelkurse – hier ist für jedermann etwas dabei (Ludwigshöhstraße 42).

89_Der Riegerplatz

Eindrucksvolle Dynamik der Toleranz

Die Seele eines Stadtviertels lernt man am besten kennen, wenn man entweder mit offenem Auge für Details durch die Straßen läuft oder sich gemütlich in ein Café am zentralen Anlaufpunkt setzt und das Treiben der Menschen beobachtet. Solch ein lebendiges Zentrum ist der Riegerplatz im Martinsviertel, einem der älteren Viertel Darmstadts.

Wo heutzutage schmucke Jugendstilhäuser, Kopfsteinpflaster, gemütliche Kneipen, Cafés, Restaurants und ausgefallene Geschäfte eine besondere Melange bilden, befand sich noch bis zum 19. Jahrhundert das Armen- und Bauernviertel. Die eine oder andere Sau wurde schon mal durchs Dorf getrieben, sodass das Viertel im Volksmund bald den etwas abfälligen Namen »Watzeverdel« innehatte.

Infolge der Industrialisierung und des Baus der Martinskirche Ende des 19. Jahrhunderts, des stetigen Bevölkerungswachstums und des daraus resultierenden Zuzugs ins Viertel entwickelte sich auch der Riegerplatz recht bald zum neuen Mittelpunkt, und heute pulsiert hier erst recht das pralle Leben.

Seit 1995 hat sich die Initiative »Lebendiger Riegerplatz e. V.« (fortgeführt durch »Wohnzimmer Riegerplatz«) des Ortes angenommen, ein Drittel des Parkplatzes zu einer kreativen, multikulturellen Freifläche umgewandelt und organisiert seitdem ein buntes Potpourri an internationalen Events. Besonders großen Zuspruch bekommt der mittwochvormittags stattfindende Wochenmarkt oder der Flohmarkt, der zu angekündigten Terminen Scharen von kaufwütigen Schnäppchenjägern zum heiß begehrten Markt pilgern lässt. Aber auch das Open-Air-Kino oder das Straßentheater, zu dem jeder Besucher mit seinem eigenen Klappstühlchen erscheint, zeugen von den kulturell-gemeinschaftlichen und toleranten Ambitionen der Bewohner dieses Viertels. Ein Highlight für die Lesben- und Schwulenszene ist sicherlich der seit 2011 in Form eines Straßenfestes gefeierte Christopher Street Day.

Adresse Riegerplatz, 64289 Darmstadt-Nord | **ÖPNV** Bus L, Haltestelle Heinheimer Straße | **Tipp** Das »Pillhuhn« ist eine Kneipe, die Szene-Vereinsheim und Komödienstadl zugleich ist. Gleich nebenan gibt es im »Teehaus« eine kleine, aber feine Auswahl an Tees samt Zubehör, Bio-Weinen, Kräutern und Gewürzen (Riegerplatz 5 und 7).

90 Die Russische Kapelle

Zarengold mal anders

Goldene Zwiebeltürme, die von Weitem in einem hellen Glanz erstrahlen, das Äußere des Baus reich mit Majolikafliesen verziert, alles sehr detailliert und verspielt – ein Kleinod russischer Sakralarchitektur, und das mitten in Darmstadt!

Die Russische Kapelle ist zweifelsohne neben dem Hochzeitsturm eines der Highlights der Mathildenhöhe. Geplant nach dem Vorbild Jaroslawler Kirchen hatte sie kein Geringerer als der St. Petersburger Hofarchitekt und Professor Leon N. Benoît, der Großvater des Schauspielers Peter Ustinov. Heutzutage gehört die Besichtigung dieser Preziose zum Pflichtprogramm eines jeden Darmstadt-Besuchers. Als eine unter weiteren 20 russischen Kapellen in Deutschland ist sie dennoch etwas Besonderes, da sie die einzige Hofkapelle in Deutschland war, die ausschließlich für die Privatandacht der Zarenfamilie, Nikolaus II. und seiner Gemahlin Alexandra, ehemals Alix von Hessen-Darmstadt, gedacht war. Was jedoch vielen nicht mehr so präsent ist, ist, dass Darmstadt als einstige Residenz- und hessische Hauptstadt, regiert von mehr oder weniger einflussreichen Landgrafen und Großfürsten, enge verwandtschaftliche Beziehungen zu den wichtigsten europäischen Königshäusern unterhielt. Über einen Zeitraum von fast zwei Jahrhunderten begaben sich insgesamt vier Darmstädter Prinzessinnen (Wilhelmine, Marie, Elisabeth und Alexandra / Alix) auf »Bräutigamschau« nach Russland, zwei von ihnen haben es sogar als Zarinnen auf den Thron geschafft. Zumeist politisch motiviert und ganz pragmatisch arrangiert, manchmal auch als wirkliche Liebesheiraten wurden die Ehen geschlossen wie im Falle von Alix und Zar Nikolaus II.

Auch wenn die Zarenfamilie (beide Schwestern übrigens) 1918 in Russland der grausamen Ermordung durch die Bolschewisten zum Opfer fiel, ist sie in gewisser Weise doch wieder zurückgekehrt: Als Neo-Märtyrer werden der Zar und seine Gemahlin nun an dieser Gedenk- und Pilgerstätte verehrt.

Adresse Nikolaiweg 18, 64287 Darmstadt-Ost | **ÖPNV** Busse KU und F, Haltestelle Mathildenhöhe | **Öffnungszeiten** Di–Sa 10–16 Uhr, So 14–16 Uhr | **Tipp** Das einzige Darmstädter Restaurant mit original österreichischer Küche findet man in der Kiesstraße 32, die »Linzer Stube« (So, Di–Fr 11.30–14.30 und 18–24 Uhr, Sa 18–24 Uhr).

91_Schirner

Das A und O des inneren Wegs

Wem die Welt draußen in der Einkaufszone zu laut, zu wuselig, zu chaotisch und zu verwirrend ist, der kommt zu Schirner. Die Schirner-Welt ist still, schillert in allen Regenbogenfarben, der Duft von Räucherwerk weht durch den großen hellen Raum, Windspiele in unterschiedlichen Tonarten und meditative Musik verströmen Ruhe und Gelassenheit. Wer einmal hier war, folgt dem Ruf des Qi in diese »Ruhezone« und kommt wieder.

Schirner ist Deutschlands größter Fachhandel für Spiritualität, ganzheitliche Gesundheit des Menschen und der Welt sowie die Suche nach seelischer und körperlicher Heilung im Einklang mit »altem Wissen« und neuen Erkenntnissen. Hier findet der spirituelle Mensch alles, was er sucht: von Astrologie oder Aura-Soma-Therapie bis zu heilenden Steinen im großen »Mineralienparadies«, von Mitteln zur Körperpflege bis zu meditativen Engelsbildern und Ratgebern im Umgang mit Lichtwesen; der Geomant wie der Schamanenschüler finden ihre Inspirationen hier! Es gibt vieles, das dem gesundheitsbewussten Menschen gefällt: Produkte, die den Fluss des Feng-Shui leiten, Kräuter aus dem Garten, Bio-Fett von der Kokosnuss, Essenzen zur Förderung der Furchtlosigkeit oder Vitalität, Ayurveda-Teemischungen, Meditationsmusik, besänftigendes Räucherwerk und vieles mehr. Samstags gibt es grüne Smoothies, kostenlos. Der Psyche und dem Soma kann nichts Besseres widerfahren!

Zusätzlich veranstalten Schirners zweimal jährlich eine Messe, organisieren Vorträge und Seminare für jede Seele, die sich nach dem erfüllten Leben oder dem richtigen spirituellen Begleiter sehnt, und verkaufen seit 34 Jahren national und international auch Bücher; seit 1994 im Selbstverlag, der auch ein Forum für neue Autoren bietet. Und nicht nur das: Nach dem furchtbaren Erdbeben in Nepal im Jahre 2015 riefen Schirners eine erfolgreiche Spendenaktion ins Leben, um den notleidenden Menschen dort zu helfen.

Adresse Elisabethenstraße 20–22, 64283 Darmstadt-Mitte | **ÖPNV** alle Straßenbahnen, Haltestelle Luisenplatz | **Öffnungszeiten** Mo–Sa 9.30–19.30 Uhr | **Tipp** Passend zu Schirner liegt gleich um die Ecke die »Salzgrotte Salarius« (Zimmerstraße 2).

92 Schmitthut

Wo Sahnehäubchen, Lukas der Lokomotivführer und Trude auf der Stange hängen

Einen wahrlichen Geheimtipp birgt die Arheilger Straße im so bunten und kreativen Martinsviertel. Kopfbedeckungen, genauer gesagt Hüte, sind nicht jedermanns Sache, in der heutigen Zeit vielleicht auch schon ein wenig antiquiert. Mit einer Kreation der Darmstädter Modistin Susanne Schmitt begeht man in Sachen Hutbekleidung keinen modischen Fauxpas.

Extravagante Hutpreziosen à la Ascot und Co. findet man hier nicht, stattdessen handwerklich exzellent gefertigte Hüte, minimalistisch und klar in der Form und stets charakteristisch und bezeichnend. Hüte sind hier mehr als nur Hüte, sie sind Charaktere und kleine Kunstwerke, ob Sahnehäubchen, Lukas der Lokomotivführer, Trude, der Heiner oder der verrückte Hutmacher aus »Alice im Wunderland«, die Hutmacherin hat einige originelle Modelle auf der Stange.

Mit ihrem Atelier und dem Ladengeschäft, die sich in den Räumen einer ehemaligen Metzgerei befinden, hat sich die authentische Künstlerin einen Kindheitstraum erfüllt und eine wirkliche Nische gefunden. Seit über 15 Jahren schätzen die hutbegeisterten Kunden Schmitthut-Kreationen, ob nun der Pfarrer, der eine Birett-Imitation in Karnevalsoptik sucht, oder der Student, der seine zerschlissene, aber lieb gewonnene Baskenmütze nicht missen möchte, sie alle werden hier kompetent beraten und bedient.

Traditionelles Handwerk und eine gute Portion eigener Kreativität machen die Schmitt-Hüte aus, und das haben auch die Herausgeber des »Deutschen Manufakturen Führers« erkannt und Schmitthut neben Rosenthal, Meissen und Co. zu den 70 schönsten Manufakturen Deutschlands gekürt. Dass die Modistin nicht unter dem Hutmachersyndrom leidet, aber trotzdem ein wenig verrückt, vor allem jedoch kreativ ist, das hat sie mit ihrem preisgekrönten Schmitthut-Bausatz bewiesen. Selbst Darmstädter Statuen und Laternen mussten dran glauben, kein Kunstwerk ist vor ihren Hüten sicher.

Adresse Arheilger Straße 58, 64289 Darmstadt-Martinsviertel | **ÖPNV** Bus L, Haltestelle Friedrich-Ebert-Platz | **Öffnungszeiten** Mi–Fr 11–18 Uhr, Sa 11–14 Uhr und nach telefonischer Vereinbarung (Tel. 06151/9678430) | **Tipp** Sucht man die passende Tasche zur Kopfbedeckung (oder ein anderes Accessoire), sind die Secondhandläden im Martinsviertel gute Anlaufstellen, zum Beispiel in der Liebfrauenstraße 59.

93 Die Sonnenuhren

Auf der Suche nach der neuen Zeit

Bereits in alten Kulturen half der Stand der Sonne den Menschen, ihr Tagwerk zu regeln und Ordnung und Struktur ins Leben zu bringen. Im Mittelalter gab es dann die sogenannten Gebetsuhren, die heute noch häufig an Klöstern und Kirchen zu finden sind; sie zeigten den Klosterbrüdern, wann es Zeit für ihre Offizien war – was für den einen Segen, war wohl für den anderen Fluch. Einen Höhepunkt der Gnomonik (der Lehre von den Sonnenuhren) bildete das Barock, ohnehin das Zeitalter der mathematischen Erkenntnisse und Erfindungen, in dem die Äquatorial-Sonnenuhren eine unglaubliche Neuerung darstellten. Sie konnten überall aufgestellt werden, jedoch musste der Schattenstab parallel zur Erdachse in Nord-Süd-Richtung ausgerichtet sein.

Aus dieser Zeit lassen sich in Darmstadt 20 eindrucksvolle Exemplare finden, und diese demonstrieren die Prachtentfaltung und das Prestige ihrer Besitzer. Karl Krolow schrieb: »Die Sonnenuhren sorgen hier […] schon sehr früh für Kunst am Hofe.« In einem prunkvoll ausgestatteten Palais mitsamt kunstvoll arrangierten Gärten durfte solch ein »neues« technisches Gerät wie die Sonnenuhr nicht fehlen!

In Darmstadt sind diese schon recht aufwendigen Sonnenuhren an Gebäudefassaden oder in Parks und Gärten, die entsprechend der geografischen Lage Darmstadt die wahre Ortszeit zeigen; viele sind restauriert, stehen unter Denkmalschutz und dienen heutzutage hauptsächlich der Zier. Ein schönes Exemplar in Form einer Sandsteinsäule befindet sich im Prinz-Georg-Garten; es zeigt eine vierseitige Kubus-Sonnenuhr, als Bekrönung eine Kugel mit einem goldenen Äquatorband und geografischen Daten.

Der Anblick dieses »Zeitmessers« vermittelt in einer hektischen und maßlos gewordenen Zeit manchem das Gefühl, nicht nach dem Diktat der Uhr leben und wie ein Uhrwerk funktionieren zu müssen, sondern ruft eine wohltuende Entschleunigung hervor.

Adresse Prinz-Georg-Garten, Schlossgartenstraße 6b, 64289 Darmstadt-Mitte | ÖPNV Bus L, Haltestelle Friedrich-Ebert-Platz | Öffnungszeiten März–Okt. 7–19 Uhr, Nov.–Feb. 8–16 Uhr | Tipp Das »Genius-Denkmal« zu Ehren Goethes von Ludwig Habich im Herrngarten zeigt die Gründer des »Kreises der Empfindsamen« (siehe Ort 57).

94 Der Spielplatz am Saubach

Spielen mit allen Sinnen

Etwas versteckt, zwischen der Akademie für Tonkunst und dem neuen Polizeipräsidium, liegt ein kleines Spielparadies, das die Herzen der kleinen Zwerge und etwas größeren Sprösslinge, aber auch die der Eltern mit Sicherheit höherschlagen lässt. Geht man an dem »wabenförmigen« Betonkoloss der Akademie vorbei, so hört man in der Regel bald schon die Kinderstimmen. Der Blick fällt zunächst auf handelsübliche und konventionelle Spielgeräte, die sich nicht sonderlich vom klassischen Spielangebot anderer Spielplätze unterscheiden: eine ungewöhnlich breite Stahlrutsche, blau-rot-orange lackierte Schaukeln in diversen Ausführungen, Wipp-Tiere, ein Kettenkarussell, ein Drehkarussell, Sandkästen und mehr oder weniger ausladende Grünflächen, die zum Spielen einladen.

Doch was diesen Spielplatz darüber hinaus zu einer ganz besonderen Spielstätte macht, ist die »unberührte« Natur, eine Spiellandschaft, die entdeckt, erforscht und erobert werden will: Rasenflächen, Büsche, Bäume, die den Kleinen eine Wildnis mit vielen Verstecken und Nischen liefern. Es ist somit der ideale Ort, an dem Kinder selbst »tätig« werden können: Rollenspiele, Verstecken und »Räuber und Gendarm« spielen, Hütten bauen, Höhlen graben oder zu kleinen Naturforschern werden. Aber auch das Herumklettern und Balancieren auf den verschlungenen Ästen der Weiden kann hier ganz schnell zu einem kleinen Abenteuer werden. Der Bachlauf ermöglicht Matschen und Planschen; der eine oder andere kleine Konstrukteur entdeckt beim Bau von Kanälen oder dem Anlegen von Staudämmen womöglich seine spätere Profession.

Der Spielplatz am Saubach ist ein Spielort, der alle Sinne anspricht, der mit natürlichen Spielmaterialien wie Holz, Sand, Lehm, Steinen und Wasser den Kleinen und auch Großen Lust am Bauen, Formen und Forschen macht und in dieser Art hoffentlich auch weiterhin zukunftsweisend sein kann.

Adresse hinter der Akademie für Tonkunst, Ludwigshöhstraße 120, 64285 Darmstadt-Bessungen, rechts an der Akademie vorbei | **ÖPNV** Straßenbahn 3, Haltestelle Lichtenbergschule | **Tipp** Zum Ökotop beim Marienhospital an der Klappacher Straße, einem bedeutenden faunistischen Habitat für Amphibien, Vögel und Ringelnattern, geht es gegenüber dem Polizeipräsidium rechts in den Wald Richtung Forellenteich.

95 Die Stelen

Mahnmal für Trennendes und Gemeinsames

Zwei Stelen aus Schmiedeeisen stehen nebeneinander auf dem Rasen des Paulusplatzes. Sie sind auf den ersten Blick recht unauffällig, mittlerweile von Rost besetzt, und erinnern an indianische Totempfähle. Aus der Nähe betrachtet begreift man dann nach einer Weile die Aussage und Bedeutung dieser Stelen.

Am Fuß der rechten Stele ist ein Reisighaufen angedeutet, eine Erinnerung daran, dass Abraham seinen Sohn Isaak als Treuebeweis zu Gott opfern wollte, am oberen Abschluss ist die (schützende) Hand Gottes eingraviert, die Abraham Einhalt gebietet. Auf der linken Stele sind die Kreuzigung Christi, die Selbstopferung des Gottessohnes für die Menschheit, mit der Kreuzesinschrift INRI und ebenfalls die Gotteshand dargestellt. Für Juden und für Christen gleichermaßen ist die bedingungslose Opferung und Treue, ebenso die Ehrfurcht vor dem (auch) grausamen Gott eine fundamentale Erfahrung. Die rechte Stele symbolisiert die jüdische Religion, die linke das Christentum, und so stehen sie hoch aufgerichtet und blicken, jede für sich und doch gemeinsam, in Richtung Jerusalem, der für beide Religionen Heiligen Stadt.

Die Stelen wurden 1993 von dem israelischen Bildhauer Igael Tumarkin hier aufgestellt. Tumarkin wurde 1933 als Sohn von Martin Hellberg geboren. Hellberg folgte 1949, auch aus politischer Überzeugung, einem Ruf nach Dresden als Generalintendant des Theaters. In der DDR entwickelte er sich zu einem bekannten Schauspieler, Theaterintendanten und DEFA-Regisseur, an dem sich aber auch die Geister schieden. Seine jüdische Frau emigrierte nach der Trennung 1935 mit dem gemeinsamen Sohn Peter nach Israel, der dort den Namen Igael Tumarkin annahm. Er wurde ein international beachteter Bildhauer und Architekt, dessen Werke in allen großen Museen der Welt ausgestellt sind. Es ist eine hohe Auszeichnung und große Ehre, dass dieser Künstler der Stadt ein Mahnmal zukommen ließ.

Adresse Paulusplatz, 64285 Darmstadt-Bessungen | **ÖPNV** Straßenbahn 3, Haltestelle Goethestraße, durch den Wolfskehl'schen Park und die Ohlystraße zum Paulusplatz | **Tipp** Sehenswert ist auch das kleine Relief des Sündenfalls über dem Brunnen im Zwischenhof der trutzig-wehrhaften Pauluskirche am gleichnamigen Platz.

96 Das Studentenwohnheim

Studenten lernen Mystik

Studentenwohnheime haben für gewöhnlich so ihren Ruf als graue und triste Häuserklötze mit abgewohnten Wohnzellen, denen man deutlich anmerkt, dass sie ihre besten Zeiten hinter sich gelassen haben.

Das Studentenwohnheim, das nach dem gleichnamigen Bonbon »Campino« getauft wurde, ist da eine wahre Ausnahme – dank ausgefallener Ausstattung. Der elfgeschossige Wohnkoloss mit 140 Ein-Zimmer-Apartments präsentiert sich nach der umfangreichen Asbest-Eliminierung in kräftigem Mint und Orange, die Alu-Fensterrahmen erzeugen einen leichten 3-D-Effekt. Auch der Vorplatz hat einiges zu bieten: wellenförmig angeordnete Bodenmosaike in bunten Farben, ein Brunnen mit einer wirbelförmigen Schale und eine mit Keramikfliesen und goldenen Lettern verzierte Stele, die den Namen Viktor Schauberger aufweist und bekrönt wird von einem goldenen Ei. Eine fast schon seltsam anmutende Mischung aus Mystik und Gaudí lässt grüßen!

Auch im Inneren setzt sich die dynamische Formensprache fort: marokkanische Bodenfliesen mit auffälligen Spiralmotiven (in jedem Stockwerk wohlgemerkt unterschiedlich), Keramikumrahmungen an den Eingängen zu den einzelnen Apartmenthäusern, ausgefallene Lampen und überall die obligatorischen Spiralen! Spätestens jetzt wird dem Besucher bewusst, dass es sich hierbei um kein gewöhnliches Ensemble handelt und sich höchstwahrscheinlich eine tiefere Symbolik hinter diesen Dekorationselementen verbirgt. Und in der Tat, man hat hier versucht, die Grundwahrheit des komplexen philosophischen Gedankengebäudes von Schauberger (österreichischer Mystiker, Querdenker und Erfinder der Freie-Energie-Maschinen) zu verbildlichen. Kurz gefasst: Schauberger entdeckte die Wirbelbewegung, die er aus der Eindrehung des Wassers ableitete, als die lebensaufbauende Energie, die dem gesamten Leben zugrunde liegt. Mit all der Energie kann das Studium auf keinen Fall den Bach runtergehen.

Adresse Eschollbrücker Straße 4, 64283 Darmstadt-Mitte | ÖPNV Straßenbahnen 1, 7, 8, Haltestelle Eschollbrücker Straße | Tipp Nicht weit entfernt befindet sich das »Hacienda Mexican Restaurant« mit leckerer Tex-Mex-Küche, durchaus auch etwas für den kleineren Geldbeutel (Holzhofallee 2, Mo–Sa 17–24 Uhr, So 12–24 Uhr).

97_Die Tanzschule Bäulke

Eine große Familie mit bewegter Geschichte

»I can't dance, I can't talk, the only thing about me is the way I walk«, sang Phil Collins verunsichert und verzweifelt. Er hätte sicher anders geklungen, hätte er die Tanzschule Bäulke gekannt, und den perfekten »Pli« hätte er noch gratis vermittelt bekommen. Die Bäulkes können mit einer über 225-jährigen Tradition dienen, damit sind sie nachweislich die älteste Tanzschule Deutschlands in Familientradition!

Es begann 1787, als der Musiker Emanuel Einolf nebenher Tanzunterricht gab. Die künstlerischen Talente der Familie wurden über Generationen weitergegeben (ein Urenkel war sogar Ballettmeister am Gießener Theater), und 1933 eröffnete Ewald Bäulke eine Tanzschule in Darmstadt. Tanzunterricht fand zunächst privat im Wohnzimmer statt. Seine Frau und er waren als Turniertanzpaar sehr erfolgreich und errangen etliche nationale und internationale Preise. 1942 wurde seine Schule von den Nationalsozialisten geschlossen: Charleston, Foxtrott und besonders der Swing waren für sie »entarteter Negerklamauk« und »Urwaldgehopse«. Der findige Vater bildete seine Kinder im Stepptanz aus und begann mit Auftritten bei den GIs. Bald hatten sie genügend Kapital, um die Schule neu zu eröffnen. Mehrfach zog die Tanzschule um, bis sie schließlich 1949 im ehemaligen Ausflugslokal »Heiligkreuz« passende Räumlichkeiten gefunden hatte. Heute steht das Gebäude unter Denkmalschutz.

Die Klippen einer entarteten Ideologie waren erfolgreich umschifft, der Twist wurde ins Programm aufgenommen, und sei es nun Walzer, Foxtrott, der feurige Salsa, der elegante Tango oder der athletische Zumba, die Schuberts, die Nachfahren der Familie Bäulke, unterrichten alles! Und für Kinder ab zwei gibt es »Windelrocker«-Kurse, um in einer bewegungsarmen Zeit auf »spielerische, tänzerische und altersgerechte Weise die motorischen Fähigkeiten zu entwickeln« und ein gesundes Selbstbewusstsein aufzubauen.

Adresse Dieburger Straße 234, 64287 Darmstadt-Ost, Tel 06151/74251 | ÖPNV Bus F, Haltestelle Fasanerie | Tipp In der Nähe befindet sich das imposante Gästehaus der TU Darmstadt, das ebenfalls eine bewegte Geschichte als Gestapoquartier hinter sich hat.

98 Das Theaterlokal der Comedy Hall

Auch Lachen geht durch den Magen

Mit gutem Essen wird bekanntlich fürs leiblich-seelische Wohl gesorgt, hier im »Verzehrtheater« erfolgt jedoch bereits der Appetizer in Form einer Zwerchfellmassage. Die traditionsreiche »Bessunger Hall« stand nach fast 100-jährigem Bestehen fast vor dem Abriss, als sich 1995 das Kikeriki-Theater samt Lokal in der Comedy Hall niederließ.

Das Konzept ist ein voller Erfolg: Den Gästen werden nicht nur typisch hessische Gerichte mit reichlich Geschmack und Raffinesse serviert, vor allem sind es die kreativen Namen, die passend zum Motto des Theaters »Dem Alltäglichen zum Trotz« mitunter zum Brüllen komisch sind. Bei Namen wie »Uffgemotzt Gemies«, »Die Ingeborscht ihrn, mit Dickebackenmusik odder ohne« (hier handelt es sich ums hessische Nationalgericht, den Handkäse), »Erwin naggisch« oder »Salädsche Goggelores« haben die Bauchmuskeln schon vor dem Essen gut zu tun.

Auch das Lokalambiente fügt sich gut in das Gesamtkonzept ein, es ist wahrlich eine Bühne. Dem Alltäglichen zum Trotz sind an den grünen Wänden überall Papiertheater-Proszenien (Reproduktionen von Originalen aus der Sammlung von Walter Röhler, siehe Ort 83) angebracht, die die Bühne frei machen für die aufgehängten Marionetten und Handpuppen, manchmal urkomisch, zuweilen schon mal makaber und auf jeden Fall skurril.

Was ursprünglich als Puppentheater »Kikeriki« für Kinder 1979 entstanden ist, mit dem Ziel, vergangene Märchen wiederaufleben zu lassen und unvergessen zu machen, hat sich mit den Jahren zum erfolgreichsten Puppen- und Menschentheater für Erwachsene in Deutschland etabliert. Das Erfolgsrezept lautet: Den Menschen mit ihren kleinen Schwächen und Fehlern den Spiegel vorhalten; was dabei jedoch nicht fehlen darf, ist eine große Portion Humor, selbstverständlich in feinster hessischer Mundart.

Adresse Heidelberger Straße 131, 64285 Darmstadt-Bessungen. Die Vorstellungen wie »Das Cabinet des Dr. Goggelores« oder »Siegfrieds Nibelungenentzündung« im Kikeriki sind ein absolutes Muss und schnell restlos ausverkauft, deshalb weit im Voraus buchen, Tel. 06151/964280. | ÖPNV Straßenbahnen 1, 6, 7, 8, Haltestelle Landskronstraße | Öffnungszeiten Mo–Sa 17–1 Uhr | Tipp Im »Bessunger Weinkeller«, einem stilvollen Restaurant, gibt es nicht nur Gutes für den Magen, sondern auch wechselnde Ausstellungen von regionalen Künstlern, Moosbergstraße 94.

99_Der Tierbrunnen

Eine Tränke für Mensch und Tier

Wie aus einem Stallfenster gucken fast lebensgroße Tierköpfe aus der Öffnung im Brunnen, zwei Pferde, eine Kuh, eine Ziege und ein Schaf. Der Betrachter fühlt sich schon, wenn auch nur entfernt, an den Stall von Bethlehem erinnert. Immerhin! Die Tierköpfe vermitteln einen derart realistischen Eindruck, dass man sie berühren und streicheln möchte. Unter dem Fenster mit den fünf Tierköpfen spendet ein Hundekopf Wasser. Das Becken unter dem Hundekopf ist als Tränke für des Menschen besten Freund gedacht. Auf dem zentralen Block steht eine große Schale, die von zwei Pfauen flankiert wird. An beiden Seiten des Brunnens sind weitere Köpfe als Wasserspeier eingearbeitet, die den menschlichen Durst stillen sollen.

Das ist der Jugendstil-Tierbrunnen am Alten Friedhof, der seit 1986 als Kulturdenkmal unter Denkmalschutz steht. Er gilt als einer der schönsten Brunnen Darmstadts. Die in den Sandstein gemeißelte Inschrift über den Tierköpfen verrät dem Betrachter, um was es geht: »Schutz den Tieren«. Eine Platte auf der Rückseite dokumentiert, dass der 1907 enthüllte Brunnen dem Tierschutz des Großherzogtums Hessen gestiftet wurde. Damals trieben die Bessunger ihr Vieh über den nahen Herdweg auf die »Nachtweide«, die heutige Lichtwiese; der Herdweg markierte auch die damalige Bebauungsgrenze der Stadt. Somit war der Brunnen ein labender Born für durstige Tiere und Menschen, die auf dem Heimweg nach eines langen Tages Arbeit auf den Feldern oder im Wald hier kurz rasten und ihren Durst stillen konnten.

Viele Jahre wurde der Brunnen wegen defekter Leitungen nicht genutzt, dank einer großzügigen Spende konnte er endlich restauriert werden. Nicht nur für Tierfreunde ist der Brunnen ein willkommener Ort, um innezuhalten und sich vergangene Zeiten vorzustellen. Eine benachbarte Gärtnerei und ein Café kümmern sich liebevoll um den Brunnen und seine Tiere.

Adresse Kreuzung Heinrichstraße / Nieder-Ramstädter Straße, 64285 Darmstadt-Mitte | **ÖPNV** Straßenbahnen 2 und 9, Haltestelle Herdweg | **Tipp** Nach einer Erfrischung mit dem kühlen Brunnenwasser bietet sich die Einkehr im »Café Tierbrunnen« an, hier gibt es ehrliche hausgemachte Gerichte und als Besonderheit »Achims hessische Tapas« (Mathildenstraße 58).

100_Ubuntu

Ein Ort der Phantasie und der Kreativität

In jedem Menschen ist ein kleiner Künstler verborgen, Kreativität und Phantasie sind Triebkräfte, die häufig latent in allen schlummern, werden sie erst einmal geweckt, verhelfen sie zu Erstaunlichem. Ein einleuchtend einfaches Lebensmotto, das jedoch von unschätzbarem Wert ist, bildet die Philosophie im Haus Ubuntu, das 2009 von der Kunsttherapeutin Ina Stoppels nach dem Vorbild der Reggio-Pädagogik gegründet wurde.

Ob Jung oder Alt, jeder besitzt kreatives Potenzial, die Phantasie bedarf häufig nur des richtigen Anreizes. Was andere wegwerfen, Restmaterialien aus Industrie, Handwerk, Handel oder Privathaushalt, wird hier zu neuem Leben erweckt. Jedoch steht nicht nur das fertige Objekt im Vordergrund, ebenso wichtig ist der kreative Prozess, der im Menschen stattfindet.

Im Ubuntu-Haus gibt es wirklich nichts, was es nicht zu bearbeiten gibt, ob Korken, Nägel, Papier, Farben, Knöpfe, Perlen, Wolle, Stoffe, und das ist nur ein Bruchteil des Materialdepots. Das Material, der Rohstoff, fungiert als Inspirationsquelle, man kann es mit allen Sinnen erforschen, mit ihm experimentieren, konstruieren oder es mittels unterschiedlicher Techniken wie Stanzen, Schöpfen, Sägen, Schneiden, Nähen, Hämmern und Malen bearbeiten. Zusätzlich stellt das »Reisende Haus der Materialien« ein besonderes Angebot dar. Dieser mit Materialkisten vollgestopfte Bus, der einem Einkaufsladen gleicht, kann auf Anfrage von Kindergärten, Schulen oder anderen Institutionen gebucht werden.

Das in dieser Art einzigartige Konzept gefällt und überzeugt, der Zuspruch bei den Darmstädtern ist groß, mehrmals in der Woche werden Materialkisten von Privathaushalten geliefert, etwa nach Haushaltsauflösungen. Der Gedanke, dass Gebrauchsgegenstände, oft noch emotional besetzt, nicht auf der Müllhalde landen, sondern hier produktiv genutzt werden, erfüllt einen mit Freude und gibt Anlass zur Hoffnung.

Adresse Mollerstraße 28, 64289 Darmstadt-Martinsviertel, Tel. 06151/9716070 | **ÖPNV** Bus L, Haltestelle Friedrich-Ebert-Platz | **Tipp** Wem nach so viel Produktivität der Sinn nach Essbarem steht, der kehrt bei »Lichtenberg« in der Lichtenbergstraße 75 ein.

101_Vinocentral

La dolce vita direkt am Hauptbahnhof

Der Duft frisch gerösteten Kaffees und ein Hauch von in Olivenöl und Kräutern eingelegter Antipasti wehen dem Besucher beim Betreten der trendigen Vinothek in die Nase.

Den Traum von einem kleinen Stück Italien inmitten von Darmstadt haben sich Michael Bode-Böckenhauer und Alexander Marschall, die sich selbst gern als »Trüffelsucher der Region« bezeichnen, mit ihrer Vinothek, die dem italienischen Vorbild einer *Enoteca* folgt, erfüllt. Was vor über 20 Jahren als kleiner »Betriebsunfall« mit einer klassischen Café-Bar und einer Kaffeemaschinenwerkstatt begonnen hat, kann sich mittlerweile sehen lassen. Das ehemalige Bahnhofshotel ist einem lichtdurchfluteten Raumkomplex gewichen, bestehend aus langen Holztischen, Feinkosttheke, Café-Bar, Rösterei und den überall im Raum aufgestellten, mit Weinen, Dolci, Pasta und Pesto gefüllten Regalen. Und ganz nebenbei bemerkt: Die in weißer Kreide auf schwarzem Untergrund geschriebenen Speise- und Getränkekarten, die mittlerweile zum trendigen Interieur-Style vieler Gastronomiebetriebe gehören, hängen hier schon seit 15 Jahren.

Bestellt wird hier nicht nur einfach ein Cappuccino oder Espresso, der Kunde entscheidet sich zunächst für eine der zehn Bohnensorten. Das Panino lässt er sich nach eigenem Gusto an der Feinkosttheke frisch belegen: Prosciutto Crudo, Bresaola, Provolone oder vielleicht doch eine warme Tagessuppe?

Auch die Auswahl an Weinen lässt das Herz jedes Weinliebhabers höherschlagen; das ursprünglich italienische Sortiment ist inzwischen durch regionale und internationale Tropfen erweitert worden. Und ganz im Sinne einer *Enoteca* können die offenen Weine gegen einen geringen Aufpreis verköstigt werden. Damit nicht genug, in regelmäßigen Abständen finden neben Wein-Degustationen musikalische Veranstaltungen statt, die jungen Jazzmusikern eine gute Plattform bieten und sich großen Interesses und Zulaufs erfreuen.

Adresse Platz der Deutschen Einheit 21, 64293 Darmstadt-Mitte | **ÖPNV** Straßenbahnen 1, 2, 3, 5, Haltestelle Hauptbahnhof | **Öffnungszeiten** Mo–Fr 8–22 Uhr, Sa 10–23 Uhr | **Tipp** Und sollten die Geschmacksknospen noch nicht genug haben, dann sei der benachbarte Spezialitätenladen »Molina's Gran Consumo« empfohlen, der sich auf italienische und spanische Produkte spezialisiert hat.

102 Das Vivarium

Kurioses aus dem Tierreich

Nicht jeder weiß, dass die asiatischen Nachtschmetterlinge, männlichen Geschlechts wohlgemerkt, Rezeptoren besitzen, die ihre weiblichen Artgenossen über eine Entfernung von mehr als elf Kilometern orten können. Da wird das Fremdgehen zu einer schwierigen Angelegenheit! Oder dass das Pantherchamäleon beim vollen Ausstrecken der Zunge eine Länge erreicht, die dem Doppelten seiner Körpergröße entspricht. Viel Kurioses und Interessantes erfährt der Besucher beim Rundgang auf dem vier Hektar großen Areal, das in unmittelbarer Nachbarschaft zum Botanischen Garten liegt.

Das Vivarium ist als zoologischer Garten 1956 entstanden mit dem Ziel, naturkundliches Wissen und Bildung zu vermitteln, den Menschen für das Thema Natur und Umwelt zu sensibilisieren und die Artenvielfalt zu erhalten; Ziele also, die heute noch aktuell sind. Einen Namen hat sich das Vivarium jedoch insbesondere durch sein großes Engagement gemacht, nationale und internationale Zuchtprogramme für bedrohte Tierarten zu fördern, und das bereits in einer Zeit, in der es noch keine gab. So konnten beispielsweise dank der eigenen Aufzucht 136 einheimische Eulen zur Wiederansiedlung in ganz Deutschland übergeben werden. Und auch die in europäischen Zoos eher selten anzutreffenden und stark bedrohten Schopfmakaken aus der Familie der Primaten gehören seit den frühen 70er Jahren zum festen Zoobestand.

Aber auch sonst hat das Vivarium mit seinen über 700 Tieren aus 150 Arten für jeden etwas zu bieten: Ob die bis zu 250 Kilogramm schweren und bis zu 120 Jahre alten Seychellen-Riesenschildkröten, die winzigen, circa zehn Zentimeter großen, aber hochgiftigen Pfeilgiftfrösche oder Loris, Papageien, die ihre Spezialnahrung über die Zunge aufnehmen, die die Form eines Pinsels hat … etwas zu staunen gibt es hier immer. Besonders beliebt bei den kleinsten Besuchern des Zoos ist und bleibt aber der Streichelzoo mit seinen sehr geduldigen Ziegen.

Adresse Zoo-Vivarium, Schnampelweg 5, 64287 Darmstadt-Ost | ÖPNV Straßenbahn 3, Haltestelle Luisenplatz, dann Bus K, Haltestelle Botanischer Garten / Vivarium | Anfahrt Richtung TU Lichtwiese / Vivarium folgen | Tipp Wer die Kletterkunststückchen der Affen mal am eigenen Leibe erfahren möchte, kann sich im nicht weit entfernten Kletterwald am Atzwinkelweg austoben.

103 Der Vortexgarten

Ein Visionär im Wirbel der »aufsteigenden Energie«

Das Klingelschild an der Gartenmauer ist eine eiförmige Bronzemaske, die Namensschilder sind die Augen. Vor dem Hauseingang stehen überdimensionale Hennen aus Porzellan, der Besucher wird von der Skulptur eines Mannes empfangen, der der Sonne einen bunten, transparenten Schild mit Kornkreismotiven entgegenstreckt. Einen 45-Millimeter-Rasen wie in der Nachbarschaft dieses großbürgerlichen Villenviertels findet man hier nicht, stattdessen führt ein mit ovalen Platten belegter Pfad den Besucher durch einen üppig bewachsenen, verwunschenen Garten. Das Haus Martinus, eine wunderschöne Villa im Stile Palladios, gehört heute Henry Nold, dem Erben des Darmstädter Kohlehändlers und Großaktionärs Erich Nold.

Die Vegetation an diesem Ort wird sich selbst überlassen, sie holt sich buchstäblich ihren Lebensraum zurück, ganz im Sinne der Permakultur, einem sich selbst regulierenden System, das das natürliche Gleichgewicht aller lebendigen Kräfte zum Ziel hat. Der Vortexgarten, Wirbel im Fluss der Energien, ist nicht verwildert – was zufällig erscheint, ist doch arrangiert. Über verschlungene Pfade, durch eiförmige Steinplatten markiert, an Insektenhotels und Bienenstöcken vorbei, entdeckt der staunende Besucher immer wieder aufs Neue wundersame Artefakte: wirbelndes Wasser in kunstvollen Installationen, spiralförmige Muster allenthalben und zauberhafte Lichtinstallationen. Artefakte in Bäumen und Sträuchern stellen die natürliche Bewegung und Energie aller lebendigen Systeme dar. Und immer wieder die Eiform und die Kornkreismuster aus Wiltshire!

Henry Nold, Anhänger der Ideen Viktor Schaubergers, verleiht in diesem wundersamen und sehenswerten Garten seiner Vorstellung von kosmischer »Vernetzung und Kommunikation« Gestalt als dem »Ort, wo Energien, die im Unsichtbaren walten, erinnert und gesammelt werden und dann beim Reflektieren darüber vielleicht in Erscheinung treten«.

Adresse Prinz-Christians-Weg 13, 64287 Darmstadt-Ost (Mathildenhöhe) | **ÖPNV** Busse KU und F, Haltestelle Mathildenhöhe | **Öffnungszeiten** täglich 9–21 Uhr, Eintritt frei | **Tipp** Energiegeladen kann man sich auf ein frisch Gezapftes und Handkäs mit Musik oder doch Gegrilltes im Biergarten an der Mathildenhöhe niederlassen (Dieburger Straße 97, Öffnungszeiten bei schönem Wetter Mo–Sa 15–23 Uhr, So und Feiertage 12–22 Uhr).

104 Das Wallhaus im Schloss

Von Geistern, Schätzen und viel Alchemie

Wer sich heutzutage auf eine Bank der Parkanlage im Schlossgraben setzt, der hat nicht die leiseste Ahnung, an welchem okkulten Ort er sich befindet. Einen sagenumwobenen Schatz soll es hier seit Jahrhunderten geben, der sorgsam von Geistern gehütet wird. Allerlei illustres Geistervolk treibt sich auch sonst im Schloss herum, allen voran die Weiße Frau, die Urmutter aller Geistererscheinungen.

Ihr beliebtestes Heimsuchungsopfer war Ludwig IX. (1719–1790), der besonders empfänglich für alles Übernatürliche war, zeit seines Lebens gleich von mehreren Geistern verfolgt wurde und zum Zeitvertreib eine Garnisonsstadt in Pirmasens unterhielt. Sein Aberglaube nahm fast schon skurrile Züge an, gleich mehrfach engagierte er vermeintliche Geisterjäger, die im Schloss auf Jagd gingen, weder den Schatz fanden noch den Landgrafen von seinen Dämonen befreien konnten, dafür aber seine Schulden weiter in die Höhe trieben.

Denn er hatte das große Loch in der landgräflichen Schatulle bereits von seinem Großvater Landgraf Ernst Ludwig geerbt. Dieser größenwahnsinnige Sonnenkönig Darmstadts trieb durch die Hofhaltung nach Versailler Vorbild, die teure Parforcejagd und einige Kriege den Landeshaushalt allmählich in den Bankrott. Als letzte Möglichkeit blieb, Hilfe in der Alchemie zu suchen. Mit Hilfe dieser Geheimlehre ließ sich künstlich aus niederen Materialien Gold herstellen, so zumindest die damalige Annahme. Endlich der erhoffte Goldsegen für den abgebrannten Landgrafen? Eine ganze Schar von Alchemisten durften ihre Laboratorien im Wallhaus des Schlosses einrichten, um nach dem »Stein der Weisen« zu forschen und so an das heiß ersehnte Gold zu gelangen. Der Bankrott war unausweichlich; es blieben Schulden von etlichen Millionen Gulden, davon zwei Millionen für die geleisteten alchemistischen Dienste. Heute ist die Verwaltung der Philosophischen Fakultät im Wallhaus untergebracht – Ironie der Geschichte?

Adresse Residenzschloss, Marktplatz 15, 64283 Darmstadt-Mitte | ÖPNV fast alle Straßenbahnen, Haltestelle Schloss | Öffnungszeiten des Parks durchgehend | Tipp Alchemie gibt es hier nicht mehr, dafür aber versprüht der unter Hainbuchen versteckte Biergarten einen ganz besonderen Zauber. Und an einem lauen Sommerabend, mit ein paar Bierchen intus, hat vielleicht auch der nichtadlige Besucher eine Begegnung der besonderen Art (Biergarten im Schlossgarten, bei gutem Wetter täglich 11–24 Uhr geöffnet).

105 Der Wasserturm

Kunst und Kultur unterm Wassertank

Wie ein Riese aus einer Zeit, in der es noch viel zu tun gab, scheint er zu wachen, wo es nicht mehr viel zu bewachen gibt. Ein Bahnhof, eine Brücke, Gleise, auf denen unbeirrt Züge hin- und herfahren, zwei Winkelbunker, ein alter Güterbahnhof, marode Schuppen. Ab und an ziehen späte Straßenmädchen auf ihrem Heimweg vorbei, oder verwirrte Vandalen verwüsten ein Mahnmal. Seinen ursprünglichen Daseinszweck hat er verloren: Dampfloks gibt's nur noch an Museumszügen, und die Weichen werden längst woanders gestellt.

Der Wasserturm wurde 1910/12 als Teil des neuen Darmstädter Bahnhofs errichtet. Er diente als Wasserreservoir für die Wassertanks der Dampflokomotiven. Eine Besonderheit war die Kombination von Wassertank und Stellwerk unter einem Dach. Nur vier solcher Türme wurden in Deutschland gebaut, der Darmstädter Turm ist der einzige erhaltene seiner Art. Im Zuge der Elektrifizierung der Eisenbahn verloren die Wassertürme an Bedeutung. Der Darmstädter Riese sollte 1978 abgerissen werden, doch Bürger bewirkten den Erhalt des Turmes. Seitdem steht er unter Denkmalschutz.

Im Jahr 1985 kauften der Architekt und Musiker Albrecht Pfohl und die Malerin Annette Bischoff den verwaisten Turm. Ihnen ist es zu verdanken, dass er mit Hilfe öffentlicher Gelder saniert werden konnte. Pfohl, genannt Obo (das ist ihm lieber), gibt hier als Solist oder in Begleitung regelmäßig Gitarrenkonzerte. Seine Eigenkompositionen sind eingängige, filigrane Melodien »mediterraner Gitarren-Romantik«, durchsetzt mit Elementen des Flamencos. Die Konzerte sind beliebt und haben einen festen Platz in der Kulturszene. Im Obergeschoss, unter dem riesigen Wassertank, hat Annette Bischoff ihr Atelier eingerichtet.

Der Turm ist ein schönes Beispiel für gelungene Privatinitiative, Besucher schwärmen von der Atmosphäre und dem Ausblick. Der alte Riese hat eine neue Aufgabe gefunden und ist wieder mit Leben erfüllt.

Adresse Bismarckstraße 179, 64215 Darmstadt-Nord, Tel. 06151/895774 | ÖPNV ab Hauptbahnhof sechs Minuten Fußweg | Öffnungszeiten zu angekündigten Terminen oder nach Absprache (www.wasda.de) | Tipp Das Fisch-Tapas-Restaurant »Espaniola« ein paar Ecken weiter bietet nur Fisch und Meeresfrüchte mit einer gesunden Portion Knoblauch (Dolivostraße 12, Di–So 17–23 Uhr). Besonders empfehlenswert ist das sonntägliche »Buffet«: deftige Tapas bis zum Abwinken für nur 20 Euro!

106 Der Watzebuckel

Was lange währt, wird endlich gut

Was tun mit 500.000 Tonnen Erdaushub? Wohin mit dieser nicht unerheblichen Menge, die aus der Innenstadt wegmusste, als dort ein Tunnel und ein Einkaufszentrum gebaut wurden? Mit Kreativität und numerischer Mathematik war bald eine Lösung gefunden: Nördlich der Innenstadt entstand seit 1974 der Bürgerpark Nord, rund 100 Hektar groß, der erst 1999 fertiggestellt wurde. Man schüttete den gesamten Aushub hier auf einen Haufen, und so entstand der »Watzebuckel«, mit 22 Metern Höhe über Normalnull die höchste Erhebung im Park.

Der Bürgerpark war gedacht als grüne Lunge für die Bewohner des dicht bebauten Martinsviertels, auch »Watzeverdel« genannt, in dem wegen der großbürgerlichen Wohnhäuser und engen Straßen kaum Grünanlagen zu finden sind. Das ursprünglich fast völlig ebene Areal im Norden war durchsetzt mit Kleingärten, Wiesen, Feldern und versteckten Teichen, den ehemaligen Tongruben für die einst in Darmstadt ansässige Ziegelindustrie.

Um den Bürgern ein möglichst breites Angebot von Aktivitäten anbieten zu können, wurde das große Gelände in drei Bereiche gegliedert: Im Westen befindet sich ein Schulzentrum; ostwärts schließen sich Sportstätten an: das Nordbad, die Eissporthalle, ein Stadion (Heimat der »Darmstadt Diamonds«), ein Sportleistungszentrum, aber auch frei zugängliche Bewegungspfade und Spielflächen. Weiter nordöstlich wird das Gelände immer ursprünglicher, hier beherrschen Naturwiesen, aufgeforstete Gehölze und idyllische Teiche mit naturbelassenen Ufern das Bild. Und über allem ragt weithin sichtbar der »Watzebuckel« empor!

Der gesamte Park ist zu einem beliebten Ausflugsziel geworden: Hier fühlt man sich wie in einer anderen Welt. Vom »Buckel« bietet sich ein großartiger Blick auf Darmstadt und Teile der Rheinebene, an Sommertagen finden sich Picknicker ein, und an Herbsttagen lassen Familien mit Kindern fröhlich Drachen steigen.

Adresse Bürgerpark, 64289 Darmstadt-Nord | **ÖPNV** Straßenbahnen 4 und 5, Haltestelle Nordbad oder Eissporthalle | **Tipp** In der Grillhütte des Bezirksvereins Martinsviertel (BVM) kann man mit bis zu 60 Personen einen gemütlichen Grillabend feiern (Kastanienallee 17).

107_Die Wella-Exponate

Für jede Mähne die passende Pflege

Schönheit liegt bekanntlich im Auge des Betrachters, und Schönheitsideale sind einem ständigen Wandlungsprozess unterworfen, das ist jedem bekannt. Manchmal lässt sich auch ein wenig nachhelfen, so wurde beispielsweise bereits Kleopatra, die dem biologischen Diktat des Verfalls Einhalt gebieten wollte, das Baden in Eselsmilch nachgesagt.

Einen einzigartigen Überblick über die Geschichte der Schönheitspflege bot die umfangreiche Sammlung des weltweit führenden Shampoo-Riesen Wella, der seinen Standort jahrzehntelang in der Darmstädter Innenstadt hatte. Mit über 3.000 außergewöhnlichen Exponaten aus den unterschiedlichsten Jahrhunderten zu den Themen Haut- und Körperpflege und Friseurhandwerk besaß Wella einen Bestand von unschätzbarem kulturhistorischen Wert. Das besonders durch seine Produkte für die Haarpflege bekannte Unternehmen hat nach der Übernahme durch P&G seinen Hauptsitz nach Schwalbach im Taunus verlegt; was mit den Ausstellungsstücken passieren sollte, war zunächst unklar. Umso begeisterter war man, dass ein kleiner Teil als Schenkung an das hiesige Landesmuseum übergeben wurde. Als Universalmuseum, derer es weltweit auch nicht mehr so viele gibt, besitzt das Landesmuseum eine umfangreiche Sammlung und war somit umso erfreuter über diesen kulturgeschichtlichen Schatz. Die Objekte sind auf mehrere Abteilungen verteilt, weshalb ein Gesamtrundgang unbedingt zu empfehlen ist.

Der heutige Betrachter der Wella-Exponate staunt beispielsweise über die fürstlichen Schönheitsaccessoires wie die Toilettengarnitur aus vergoldeter Bronze aus dem 19. Jahrhundert oder die Pflegeutensilien aus ägyptischer Zeit. Die kleinen Salbgefäße, die die kostbaren Öle und Balsame einst beherbergten, belegen, wie hoch im Kurs Haut- und Haarpflege bereits bei den alten Ägyptern stand. Unzählige weitere Schätze schlummern noch in den Museumsarchiven und warten auf einen würdevollen Auftritt.

Adresse Hessisches Landesmuseum, Friedensplatz 1, 64283 Darmstadt-Mitte | ÖPNV fast alle Straßenbahnen, Haltestelle Schloss | Öffnungszeiten Di, Do, Fr 10–18 Uhr, Mi 10–20 Uhr, Sa, So und Feiertage 11–17 Uhr | Tipp Wen jetzt nach einem Museumsbesuch der kleine Hunger plagt, dem ist das peruanische Lokal »La Lucha« zu empfehlen, mit Sandwich-Bar und Co. (Schleiermacherstraße 10–12).

108_Die Weststadtbar

Trainspotting mal anders

»*Is that the Chattanooga Choo Choo?*«, hört man hier wohl kaum noch, Swing ist schon längst out, Dampfloks schnaufen gefühlt fast ebenso lange nicht mehr, aber rein metaphorisch würde Glen Millers Stück auch hierhin passen, und sei es nur, um ein bisschen Romantik zu bewahren. Denn zehn Meter neben dem Gebäude brausen die stromlinienförmigen ICEs und hochgeschlossenen InterRegios dahin.

Willkommen am Ensemble des Weststadtcafés und der Weststadtbar! Das Café kommt mit einem Superangebot daher: Im Sommer kann der Grillfreund sein eigenes Grillgut mitbringen; ist noch Platz auf dem großen Grill, wird es auch noch gar! Die Weststadtbar, gleich daneben, ist eine ehemalige Reparaturhalle für Dampfloks, die zu einer stylischen Eventlocation aufgerüstet wurde! Seit mehr als 15 Jahren findet hier mittwochs das berühmte »After-Work-Clubbing« statt, wo man vis-à-vis von Zügen seinen Drink oder auch exotischen Cocktail schlürfen kann. Wer in Darmstadt hip sein will, geht hierhin! Die Halle wird von vielen Frischvermählten gern als Location für ihre romantische Feier gewählt, wie kreative Hochzeitsfotos erkennen lassen, mit denen ein ganzes Heer von Fotografen um zukünftige Aufträge wirbt. Ein Hauch von Nostalgie kommt immerhin auf, wenn sich Liebhaberinnen und Liebhaber des Tango Argentino und Salsa zu Tanzveranstaltungen treffen, und ab und an erklingt sogar der schnelle Rhythmus der Milonga! Das Highlight ist jedoch »Deine Bühne«: Hier kann jeder seine Fähigkeiten vor Publikum präsentieren, sei es Poetry-Slam, Pantomime, Artistik oder Comedy. Und manchmal dröhnen innen die *Subwoofer*, wenn hippe DJs ihre neuesten Scheiben auflegen und die Halle voller (techno-) begeisterter Discogeher ist.

Draußen donnern die langen Güterzüge vorbei, und das Gemäuer zittert und bebt wie eh und je! Ein bisschen Tradition wird bewahrt. So ist Eisenbahnromantik im frühen 21. Jahrhundert.

Adresse Mainzer Straße 106, 64293 Darmstadt-West | ÖPNV Busse n71, 5515, 5516, Haltestelle Windmühle | Tipp Nach der Party noch zum Klettern! In der Landwehrstraße 75, Ecke Mainzer Straße, gibt es ein neues Kletterhaus für ambitionierte Kletterer, das »boulderhaus Darmstadt«.

109_Der Yuccahügel

Der mobilste Garten Darmstadts

Blütenartige Pilze, die aus Stämmen der Aristolochia arborea herauswachsen, Pflanzen wie die Welwitschia mirabilis, die in ihrem circa 2000-jährigen (!) Leben drei Blattpaare produziert, und skulpturenartige Wurzelstöcke der Sumpfzypresse, die wie braune Holzpilze aus dem Boden sprießen – alle drei und noch einige weitere Sonderlinge unter den Pflanzen und Bäumen und ihre noch sonderbareren Eigenschaften kann man bei einem Besuch des Botanischen Gartens bestaunen.

Das Geburtsjahr des Darmstädter Botanischen Gartens ist 1814, damals befand sich die bereits im Dienste der Wissenschaft stehende, noch kleine Anlage auf dem trockengelegten Gelände des Schlossgrabens. Jedoch erwies sich dieser Platz nach kurzer Zeit als denkbar ungünstig, und es folgte knappe 15 Jahre später der Umzug in den Herrngarten, und kurz darauf ein erneuter Umzug und noch ein Umzug, bis schließlich 1874 (nach immerhin vier Verlegungen) das Gelände in der Schnittspahnstraße (benannt zu Ehren der »Gärtnerdynastie« der Schnittspahns) als endgültiger Standort des heutigen Botanischen Gartens gelten konnte. Den Pflanzen und Bäumen sei Dank, denn der seit 1897 der Technischen Hochschule angegliederte Garten präsentiert um die 8.000 wirklich sehenswerte Pflanzenarten – darunter tropische, subtropische, aber auch regional und überregional bedrohte. Besonders sehenswert sind das Arboretum (Sammlung exotischer Gehölze), der Yuccahügel, in dem Kakteen und Yuccas fast ohne Winterschutz auskommen, das Pinetum (Nadelgehölze), das Alpinum, das leider nicht öffentlich zugängliche Orchideenhaus und der Taxodiumteich (Sumpfzypressen).

Ganz nebenher werden bei den fachkundigen Führungen verfestigte Irrtümer, etwa dass die Rosen Dornen besitzen, aus der Welt geschaffen, und man erfährt, dass der handelsübliche Salzstreuer als erstes bionisches Produkt die Mohnkapsel zum Vorbild hatte.

Adresse Schnittspahnstraße 5, 64287 Darmstadt-Ost | **ÖPNV** Bus K, während der Vorlesungszeit auch Bus KU, Haltestelle Botanischer Garten / Vivarium | **Tipp** Erholen und bei einer Tasse Kaffee den Schopfmakaken zuschauen kann man im »Café Eulenpick«, Schnampelweg 4.

110 Die Ziegelhütte

Erst Ton, dann Kunst

Noch bis vor etwa 300 Jahren spielte der Tonabbau im Norden Darmstadts, wo sich heute der Bürgerpark erstreckt, eine wichtige Rolle. An der Stelle ehemaliger Tongruben befinden sich heute Teiche, umsäumt von reicher Pflanzenvielfalt und etlichen Einrichtungen für den Freizeitsport. Auch von den ehemals sechs Ziegelhütten ist bis auf eine Ausnahme in der Kranichsteiner Straße nichts mehr erhalten. Und beinahe wäre dieses 350 Jahre alte Zeugnis Darmstädter Ziegelbetriebe, in dem zeitweilig 15 bis 20 Mitarbeiter beschäftigt waren, ebenfalls vollends dem Erdboden gleichgemacht worden.

Der natürliche, aus Ton und Lehm hergestellte Baustoff hat trotz langer Tradition immer mehr an Bedeutung verloren, sodass 1972 auch dieser Betrieb (hier befand sich neben dem Kontor auch das aus dem 17. Jahrhundert stammende Wohnhaus) schließen musste. Das barocke Haus präsentierte sich in einem so schlechten Zustand, dass der Abriss der Anlage fast schon beschlossene Sache war. Der damalige Präsident der Darmstädter Sezession, Pit Ludwig, setzte sich für die Renovierung des alten Fachwerkhauses ein. Ein Verein wurde gegründet, an den das Haus in Erbpacht vermietet wurde, und mit Hilfe kommunaler Gelder und der Unterstützung von lokalen Sponsoren, in Darmstadt glücklicherweise nicht unüblich, konnte das Haus saniert werden.

Heute dient die »Ziegelhütte« nicht nur als Ausstellungsort für Künstler der Darmstädter Sezession, die jährlich einen Preis in allen Bereichen der modernen Künste verleiht; sie ist auch ein Gesprächs- und Diskussionsort mit Künstlern und Schriftstellern oder wird als Übernachtungsort genutzt, wenn auswärtige Künstler in Darmstadt ihre Ausstellungen betreuen oder an Projekten arbeiten. Das Projekt »Ziegelhütte« bietet ein reichhaltiges und interessantes Programm und hat ein internationales Publikum gefunden. Besonders beliebt (bei Frauen) ist der Markt Kunst–Klamotten–Klunker.

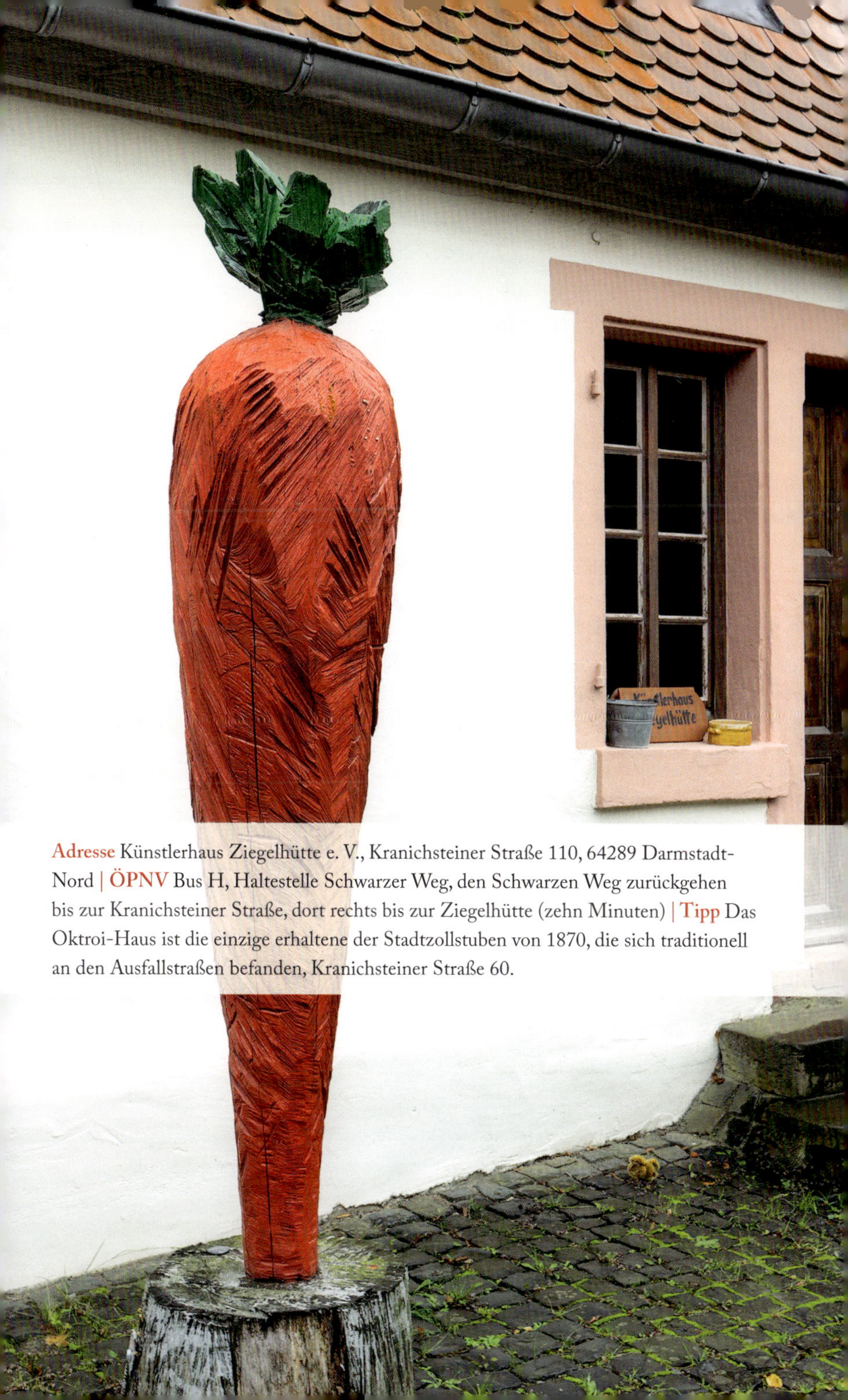

Adresse Künstlerhaus Ziegelhütte e. V., Kranichsteiner Straße 110, 64289 Darmstadt-Nord | **ÖPNV** Bus H, Haltestelle Schwarzer Weg, den Schwarzen Weg zurückgehen bis zur Kranichsteiner Straße, dort rechts bis zur Ziegelhütte (zehn Minuten) | **Tipp** Das Oktroi-Haus ist die einzige erhaltene der Stadtzollstuben von 1870, die sich traditionell an den Ausfallstraßen befanden, Kranichsteiner Straße 60.

111_Zum Scheinheil'gen

Ein Stück Bayern in Darmstadt

Am westlichen Ende der Kastanienallee, die den Bürgerpark Nord in einen nördlichen und einen südlichen Teil gliedert, befindet sich in idyllischer Lage das Ausflugslokal »Zum Scheinheil'gen« mit seinem riesigen »Bayrischen Biergarten«. Der ist mit etwa 1.300 Plätzen der größte seiner Art in Südhessen. Und wie es sich für einen richtigen Biergarten gehört, sitzt man hier an sonnigen Tagen cool im Schatten von etwa 100 Rosskastanien.

Biergärten kamen ursprünglich, wie soll es anders sein, aus Bayern. Sie entstanden dort im 19. Jahrhundert und sind der Erfindungsgabe dortiger Bierbrauer geschuldet. Damals war im Sommer das Bierbrauen in Bayern verboten, aber das in den kühlen Monaten gebraute Bier musste ja bis über den Sommer ausreichen! Also richteten Brauereien an Fluss- und Bachläufen Keller ein, um darin das Bier zu kühlen. Zusätzlich wurden Rosskastanien angepflanzt, die ein ausladendes Blätterdach entwickeln und recht flache Wurzeln bilden und so die Keller mit dem kostbaren Fässerinhalt nicht beschädigen konnten. Ein paar Bänke und Tische wurden aufgestellt – eh voilà, die ersten Biergärten waren geboren! Diese entwickelten sich schnell zu beliebten Ausflugszielen, kleinen *amusement parks*, wurden zu immer größeren Gartenwirtschaften, und so kam es zur Bezeichnung »Bayrischer Biergarten«.

Auch der »Bayrische Biergarten« im Bürgerpark bietet Möglichkeiten zur Unterhaltung: Das im bayrischen Stil gehaltene Restaurant kann auch für Feste und Veranstaltungen genutzt werden, im Garten selbst befindet sich ein Kleintiergehege, und auch an die Kleinen hat man mit einem großen Spielplatz gedacht. Das dichte Blätterdach der Kastanien hält sogar, für eine Weile, Regen ab. Blau-weiß bekommt der Stadt recht gut, das ist spätestens seit dem Aufstieg von Darmstadt 98 bekannt! Und ohnehin lassen sich im Biergarten auch die gefährlichsten Klippen der (fremdsprachlichen) Kommunikation locker umschiffen.

Adresse Kastanienallee 4, 64289 Darmstadt-Nord | **ÖPNV** Bus H, Haltestelle Kranichsteiner Straße / Ecke Kastanienallee, 300 Meter Fußweg; Straßenbahnen 4 und 5, Haltestelle Eissporthalle, 250 Meter Fußweg | **Öffnungszeiten** Mai – Sept. täglich 11 – 0 Uhr | **Tipp** Aktive Unterhaltung mit Spaßfaktor wird im Tanzsportzentrum Blau-Gold Casino geboten, wo man zu allen erdenklichen Musikrichtungen das Tanzbein schwingen kann (Alsfelder Straße 45a).

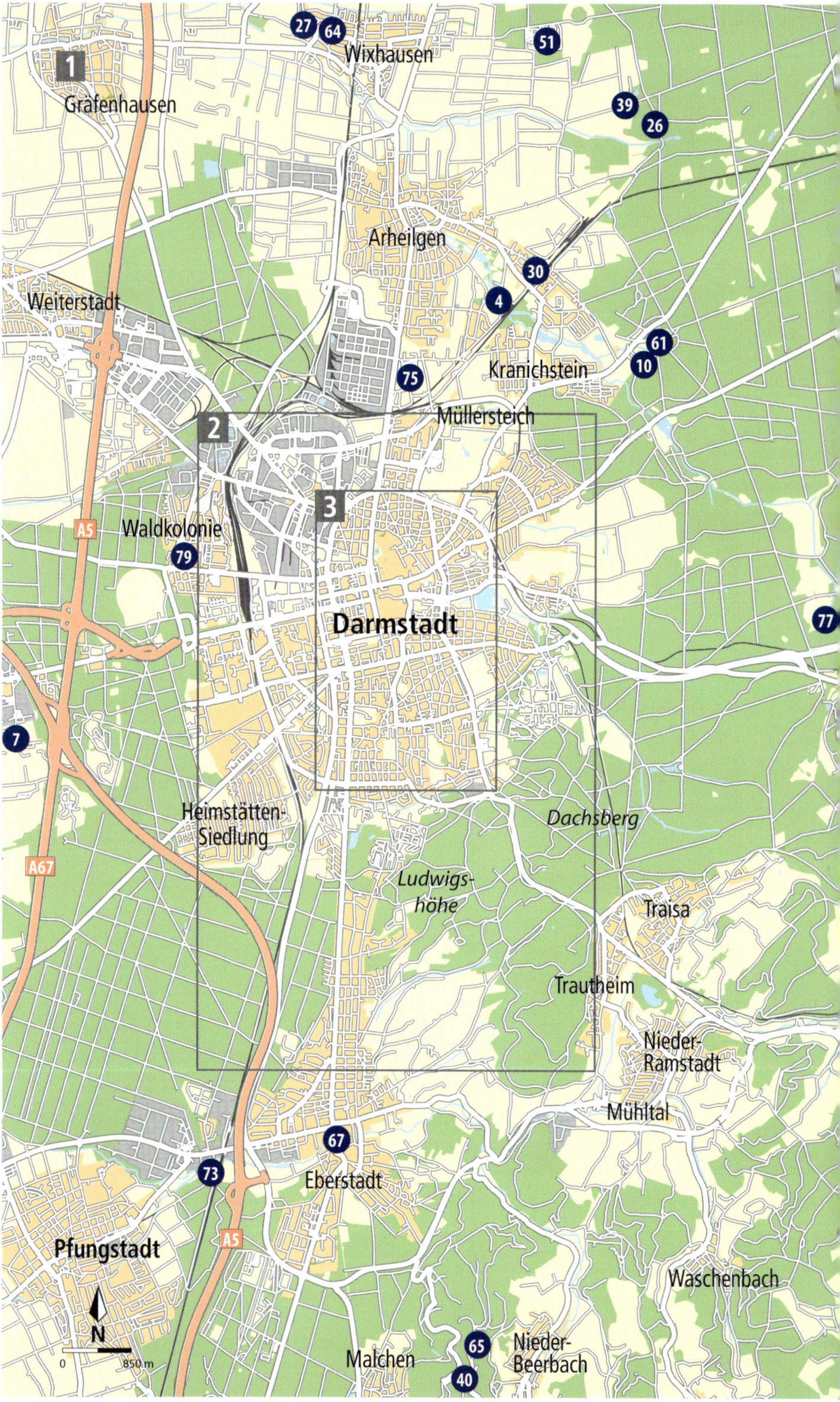

27
64
Wixhausen
51
1
Gräfenhausen
39
26
Arheilgen
30
Weiterstadt
4
61
10
75
Kranichstein
Müllersteich
2
3
A5
Waldkolonie
79
Darmstadt
77
7
Heimstätten-
Siedlung
Dachsberg
A67
Ludwigs-
höhe
Traisa
Trautheim
Nieder-
Ramstadt
Mühltal
67
73
Eberstadt
A5
Pfungstadt
Waschenbach
N
0
850 m
65
Nieder-
Beerbach
Malchen
40

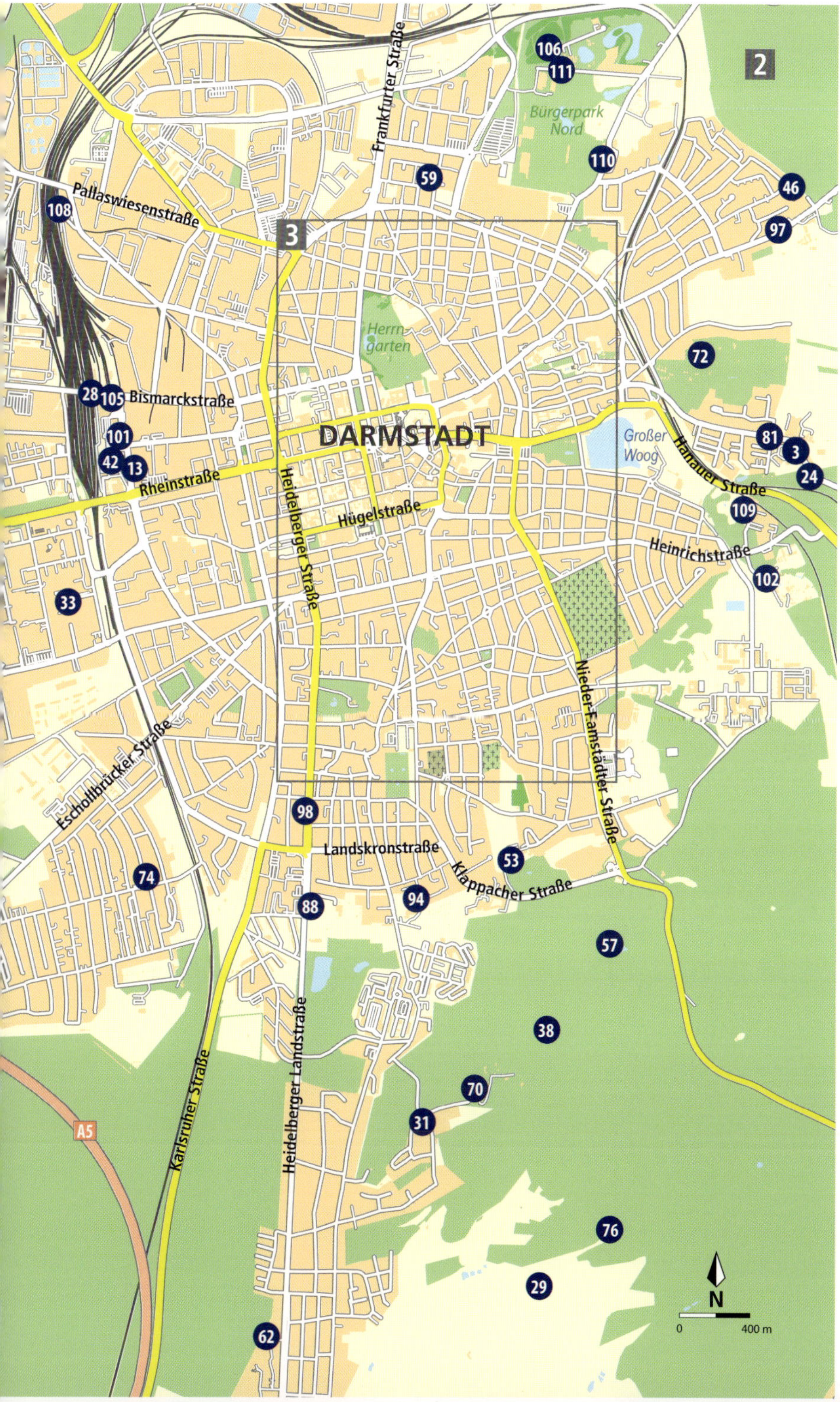

2
3
DARMSTADT
Frankfurter Straße
Bürgerpark Nord
Pallaswiesenstraße
Herrngarten
Bismarckstraße
Rheinstraße
Heidelberger Straße
Hügelstraße
Großer Woog
Hanauer Straße
Heinrichstraße
Nieder-Ramstädter Straße
Eschollbrücker Straße
Landskronstraße
Klappacher Straße
Karlsruher Straße
Heidelberger Landstraße
A5
N
0
400 m
106
111
110
59
46
97
108
72
28
105
101
42
13
81
3
24
109
102
33
98
74
53
94
88
57
38
70
31
76
29
62

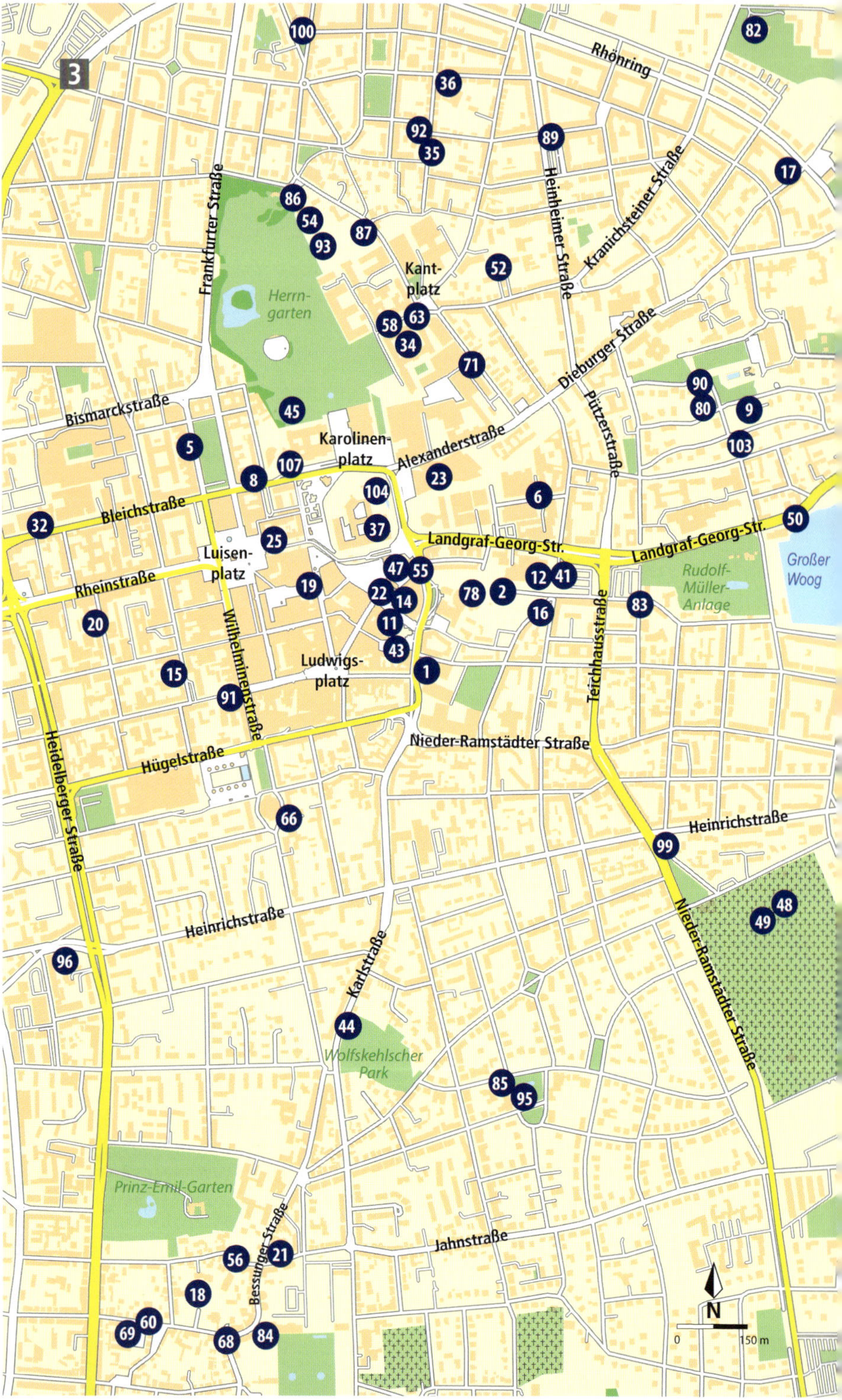
3
Rhönring
Frankfurter Straße
Herrngarten
Kantplatz
Heinheimer Straße
Kranichsteiner Straße
Dieburger Straße
Pützerstraße
Bismarckstraße
Karolinenplatz
Alexanderstraße
Bleichstraße
Luisenplatz
Landgraf-Georg-Str.
Landgraf-Georg-Str.
Rheinstraße
Wilhelminenstraße
Ludwigsplatz
Teichhausstraße
Rudolf-Müller-Anlage
Großer Woog
Nieder-Ramstädter Straße
Hügelstraße
Heidelberger Straße
Heinrichstraße
Heinrichstraße
Karlstraße
Nieder-Ramstädter Straße
Wolfskehlscher Park
Prinz-Emil-Garten
Bessunger Straße
Jahnstraße
N
0
150 m
100 82 36 92 35 89 17 86 54 93 87 52 58 63 34 71 90 80 9 103 45 5 107 8 104 23 6 32 37 50 25 47 55 12 41 19 22 14 78 2 16 83 20 11 43 15 91 1 66 99 48 49 96 44 85 95 56 21 18 60 69 68 84

Dorothee Fleischmann,
Carolina Kalvelage
111 Orte in Budapest, die man gesehen haben muss
ISBN 978-3-95451-744-2

Floriana Petersen
111 Orte in San Francisco, die man gesehen haben muss
ISBN 978-3-95451-750-3

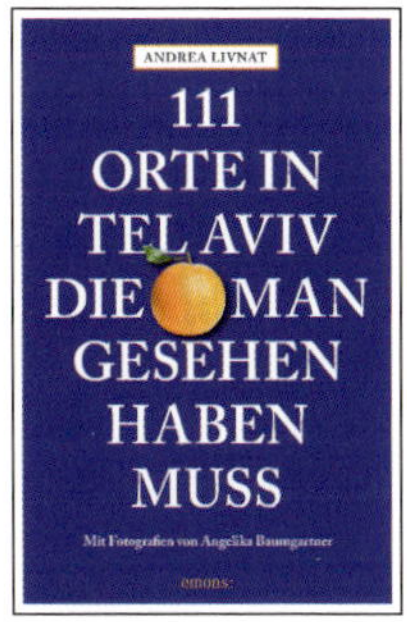

Andrea Livnat,
Angelika Baumgartner
111 Orte in Tel Aviv, die man gesehen haben muss
ISBN 978-3-95451-703-9

Oliver Schröter, Falk Saalbach
111 Orte in Zürich, die man gesehen haben muss
ISBN 978-3-95451-538-7

Cornelia Lohs
111 Orte in Bern, die man gesehen haben muss
ISBN 978-3-95451-669-8

Giulia Castelli Gattinara,
Mario Verin
111 Orte in Mailand, die man gesehen haben muss
ISBN 978-3-95451-617-9

Cornelia Ziegler,
Chris Sindermann
111 Orte auf Kreta, die man gesehen haben muss
ISBN 978-3-95451-540-0

Dorothee Fleischmann,
Carolina Kalvelage
111 Orte an der Costa Brava, die man gesehen haben muss
ISBN 978-3-95451-561-5

Jo-Anne Elikann
111 Orte in New York, die man gesehen haben muss
ISBN 978-3-95451-512-7

Ralf Nestmeyer
111 Orte an der Côte d'Azur, die man gesehen haben muss
ISBN 978-3-95451-563-9

Thomas Fuchs
111 deutsche Biere, die man getrunken haben muss
ISBN 978-3-95451-414-4

Rüdiger Liedtke,
Laszlo Trankovits
111 Orte in Kapstadt, die man gesehen haben muss
ISBN 978-3-95451-456-4

Gerd Wolfgang Sievers
111 Orte in Venedig, die man gesehen haben muss
ISBN 978-3-95451-352-9

Eckhard Heck
111 Orte in Maastricht, die man gesehen haben muss
ISBN 978-3-95451-368-0

Petra Sophia Zimmermann
111 Orte am Gardasee und in Verona, die man gesehen haben muss
ISBN 978-3-95451-344-4

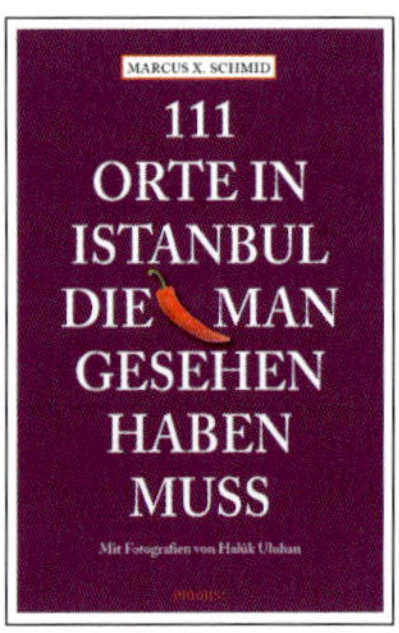

Marcus X. Schmid,
Halûk Uluhan
111 Orte in Istanbul, die man gesehen haben muss
ISBN 978-3-95451-333-8

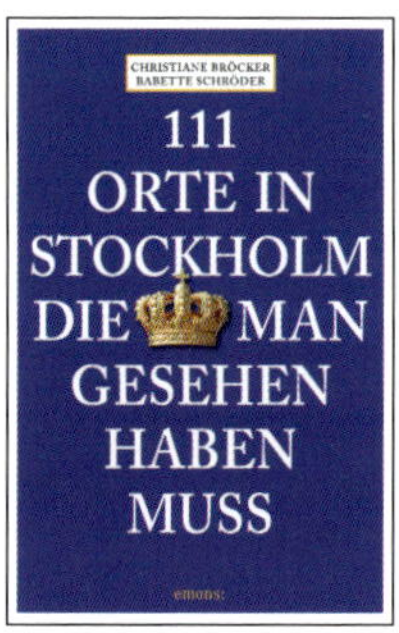

Christiane Bröcker,
Babette Schröder
111 Orte in Stockholm, die man gesehen haben muss
ISBN 978-3-95451-203-4

Oliver Schröter
111 Orte für echte Männer, die man gesehen haben muss
ISBN 978-3-95451-228-7

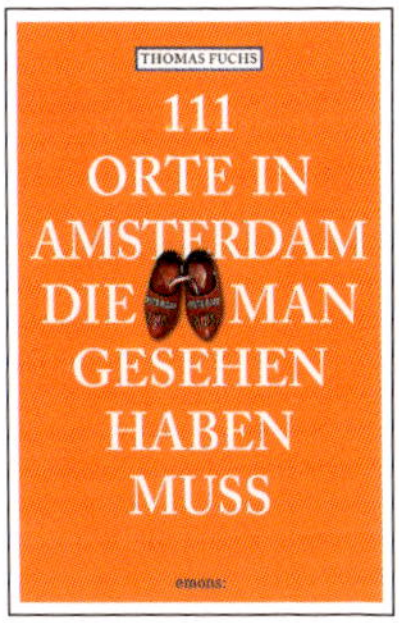

Thomas Fuchs
111 Orte in Amsterdam, die man gesehen haben muss
ISBN 978-3-95451-209-6

Annett Klingner
111 Orte in Rom, die man gesehen haben muss
ISBN 978-3-95451-219-5

John Sykes, Birgit Weber
111 Orte in London, die man gesehen haben muss
ISBN 978-3-95451-117-4

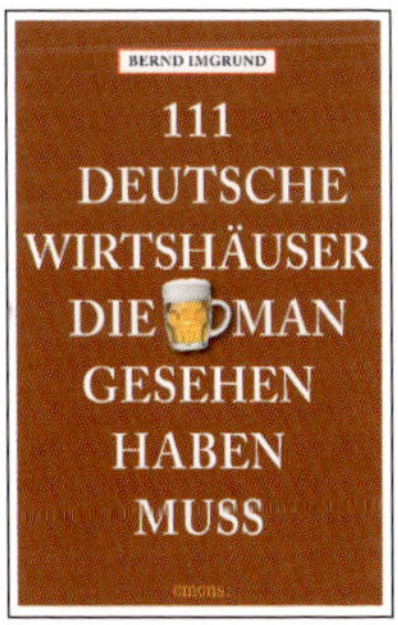

Bernd Imgrund
111 deutsche Wirtshäuser, die man gesehen haben muss
ISBN 978-3-95451-080-1

Susanne Thiel
111 Orte in Madrid, die man gesehen haben muss
ISBN 978-3-95451-118-1

Dirk Engelhardt
111 Orte in Barcelona, die man gesehen haben muss
ISBN 978-3-95451-066-5

Stefan Spath
111 Orte in Salzburg, die man gesehen haben muss
ISBN 978-3-95451-114-3

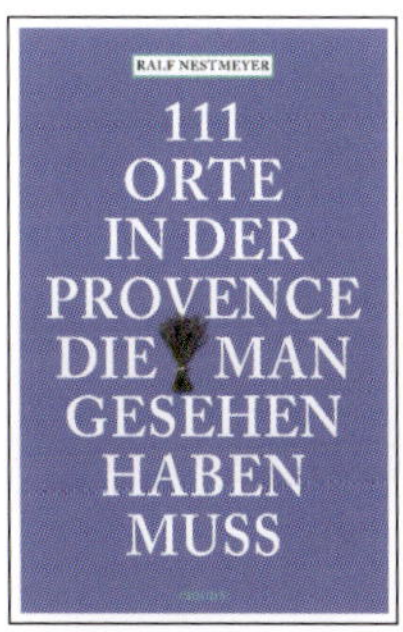

Ralf Nestmeyer
111 Orte in der Provence, die man gesehen haben muss
ISBN 978-3-95451-094-8

Peter Eickhoff, Karl Haimel
111 Orte in Wien, die man gesehen haben muss
ISBN 978-3-89705-969-6

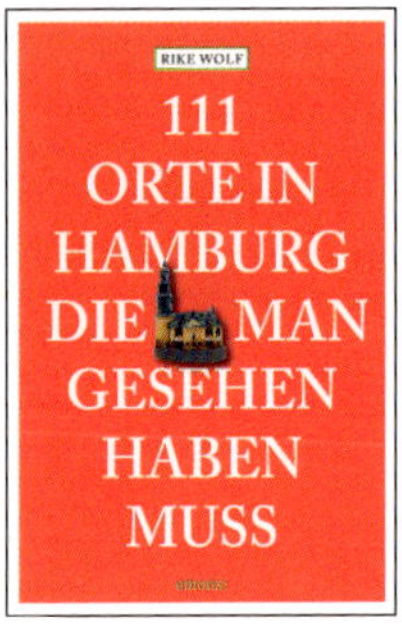

Rike Wolf
111 Orte in Hamburg, die man gesehen haben muss
ISBN 978-3-89705-916-0

Rüdiger Liedtke
111 Orte auf Mallorca, die man gesehen haben muss
ISBN 978-3-89705-975-7

Lucia Jay von Seldeneck, Verena Eidel, Carolin Huder
111 Orte in Berlin, die man gesehen haben muss
ISBN 978-3-89705-853-8

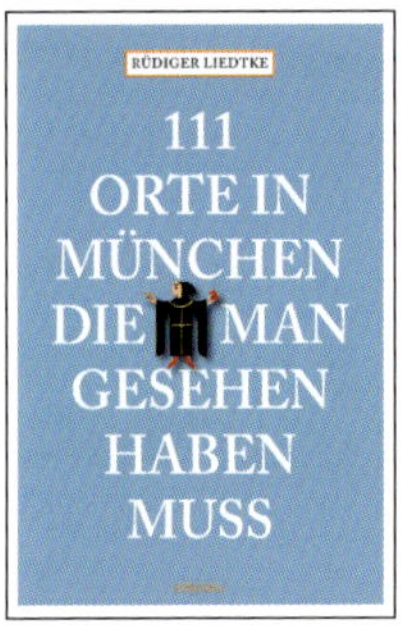

Rüdiger Liedtke
111 Orte in München, die man gesehen haben muss
ISBN 978-3-89705-892-7

Lucia Jay von Seldeneck, Verena Eidel, Carolin Huder
111 Orte in Berlin, die man gesehen haben muss
Band 2
ISBN 978-3-95451-207-2

Bernd Imgrund, Britta Schmitz
111 Kölner Orte, die man gesehen haben muss
Band 1
ISBN 978-3-89705-618-3

Bernd Imgrund, Britta Schmitz
111 Kölner Orte, die man gesehen haben muss
Band 2
ISBN 978-3-89705-695-4

Marx de Morais
111 Orte in Turin und im Piemont, die man gesehen haben muss
ISBN 978-3-95451-736-7

Mercedes Korzeniowski-Kneule
111 Orte in Basel, die man gesehen haben muss
ISBN 978-3-95451-702-2

Barbara Krull
111 Orte im Elsass, die man gesehen haben muss
ISBN 978-3-95451-596-7

Beate C. Kirchner
111 Orte in Florenz und im Norden der Toskana, die man gesehen haben muss
ISBN 978-3-95451-513-4

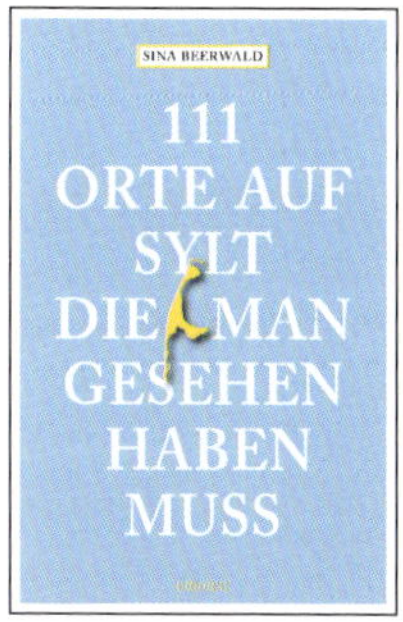

Sina Beerwald
111 Orte auf Sylt, die man gesehen haben muss
ISBN 978-3-95451-511-0

Gerald Polzer, Stefan Spath
111 Orte in Graz, die man gesehen haben muss
ISBN 978-3-95451-466-3

Gerd Wolfgang Sievers
111 Orte der Wiener Küche, die man erlebt haben muss
ISBN 978-3-95451-337-6

Rüdiger Liedtke
111 Orte in München, die man gesehen haben muss
Band 2
ISBN 978-3-95451-043-6

Rüdiger Liedtke
55 ½ Orte rund ums Oktoberfest, die man gesehen haben muss
ISBN 978-3-95451-370-3

Fabian Pasalk
111 Orte im Ruhrgebiet, die man gesehen haben muss
ISBN 978-3-89705-814-9

Fabian Pasalk
111 Orte im Ruhrgebiet, die man gesehen haben muss, Band 2
ISBN 978-3-95451-223-2

Danksagungen

Besonderer Dank gilt:
Prof. Dr. Wolfgang Martin; Dr. Gerlinde Gehrig; Thomas Heiss; Gerd Peter; Familie Blinkle; Marian J. Schreiner; Naaman Wakim; Jürgen Jourdan und Rainer Lutz; Carola Pomplun; Alexandra Welsch und Thorsten Jahr; Dr. Susanne Király; Marianne und Klaus; Thomas Aufleger; Gianni Trubarac-Dallmann; Susanne Schmitt; Ina Stoppels; Michael Bode-Böckenhauer und Alexander Marschall; Jürgen Lannert; Obo; Cem Tevetoglu; den vielen ehrenamtlichen Mitarbeiter, ohne die »nichts geht«, vor allem aber Mirka Kurz.

Die Autoren

Sonja Morawietz studierte Kunstgeschichte, Literaturwissenschaft, Archäologie, Pädagogik und Geschichte. Während des Studiums beschäftigte sie sich eingehend mit der Kultur und Kunst Darmstadts und lernte zudem die Kneipenlandschaft der Stadt zu schätzen. Sie arbeitete im Bereich museale Führungen und Ausstellungen. Familiäre Bande führen sie immer wieder nach »Heinertown«.

Hartmut Heinemann hat Anglistik, Amerikanistik und Romanistik studiert. Schon während des Studiums schrieb er für Tageszeitungen Feuilletonbeiträge über Musik, Kunst und Literatur. Er hat als Lehrer gearbeitet und den Blues gespielt, bis er sich als Fotograf und freier Journalist auf den Weg gemacht hat. Zu Darmstadt hat er seit der Studienzeit enge Verbindungen.